照顧與滋養自己的

40個正念教養練習

為教養減壓，親子共好

心念 教養

MBPS
正念教養系統創建者

林麗玲 著

推薦序——

用正念犁心田，為孩子，也為自己

石世明（資深正念帶領老師／樸石學堂創辦人）

這是一本深度和廣度兼具的父母自我照顧／成長／修煉手冊，且終身適用。

對於父母如何自我照顧，這個龐大主題，作者提出的架構完整，層次分明，長年臨床工作淬鍊出的體會，閃耀著犀利而溫潤的智慧，每個重要觀念背後，都有實際練習操作，來培養所需能力，明確，務實，不空談。

●正念教養的三個關卡

電話那頭，朋友問：「聽說正念可訓練大腦，想讓孩子上這樣的課，你比較推薦哪位老師？」我回答：「與其讓孩子學，不如父母自己去學，因為……這樣才是……」我講得起勁，但電話那頭，持續沉默……

父母大都很忙、很累，**時間不夠用**，希望將不同「工作」分發出去，但正念教養本身無法像學鋼琴或畫畫，可分給其他專業來進行。

第二個關卡是**自我關懷／悲憫的困難**，父母願意無條件關懷孩子，但若說到將時間、精力或關懷，放回自己身上，父母往往會出現許多猶疑、抗拒，甚至為此感到自私。

第三個關卡，父母被養育的成長經驗，活入社會養成的種種慣性，不自覺影響親子互動，情緒失控、不當教養行為背後，似乎受到某種難以撼動的程式所操控，**面對深層經驗帶來的負面影響，令人感到不舒服，不知所措。**

●「犁心田」有解方

每個人如何被養育、如何受環境影響而習得不同慣性，這些都是自己無法控制的，但**掙脫過去所造成的束縛，為自己和所愛的人打造幸福，卻是個人要擔起責任。**

父母童年的**負面經驗和缺憾，會在與孩子的互動中顯現，造成教養張力**。覺察這個過程，一步步帶著善意來調整，這是父母犁心田的過程。事實上，這個過程相當艱辛。

麗玲為此提出了解方，首先，父母在吃一口飯、刷牙、陪孩子下課、寫功課等日常互動中，就可執行正念，**不用額外撥出時間**。其次，父母學習有效的方法安頓情緒、洞察有毒的念頭與習性，學會欣賞當下的平凡與美好，這本身就**為自己帶來滋養與疼惜**。最後，父母覺知過去遺憾，用慈愛撫慰自己成長過程的傷痕，在教養中校正與孩子的互動，更重要的是，父母也「**重新校正自己的人格**」，為自己培育更好的身心狀態迎接未來。

●感謝孩子

父母的童年缺憾和奠基於過去經驗產生的人我互動型態，有機會在教養過程中被發現，並透過「帶著覺知」的教養行動，獲得重新審視、對待與轉化。這個犁心田的過程，有艱辛，也充滿動人的美。

感謝孩子，為父母扮演這個獨一無二的角色。

祈願本書所引介的正念工法，為每天看似重複的父母工作，灌注當下的力量，為每次的親子張力或衝突，帶入新的眼光。

一次專注呼吸，一次自我疼惜，一次次帶著正念的陪伴，為孩子，也為自己。

推薦序——

期待自己如何去扮演父母角色時，要先學習當自己的父母

廖清碧（友緣社會福利基金會執行長）

人類集體對父親和母親的形象期待是：

想到父親會想到什麼呢？——英雄、保護、教育、指導、養家、規則……

想到母親會想到什麼呢？——慈愛、包容、滋養、餵哺、關懷、無微不至……

相信大部分的父母也對自己都有這樣的期待，也願意成為這樣的父母，想要滿足這樣的期待是多麼偉大的志業呀！然而，期待越大，失落就越大，失落是會影響身心靈的成長。

所以當我們期待自己如何去扮演父母角色時，要先學習當自己的父母，能夠常關心自己的心理狀況、自己的意願、自己的需要、對自己無微不至，當你有能力關心自己時，才會有餘裕去關心我們的孩子。

至於如何關心自己呢？——推薦林麗玲老師的《心念教養》。

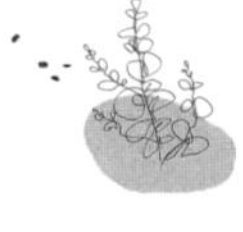

目錄

3

5 一段與自己平靜相處的時光

6 校正你的教養狀態

前言——

開始練習前，先覺察你的花園生命力

我喜歡用花園這個意象，來比喻各式各樣的生命樣貌。每個人就像是一座座花園，每個人也是自己這座花園的園丁。一個乾枯、雜草叢生的花園，是需要園丁花時間整理、灌溉、養育，才會展現花園的生命之美。

父母何嘗不是呢？在我為人母以及在幫助兒童、青少年、父母等的臨床工作經驗中，深深理解父母在教養路途上，一點也不輕鬆。在孩子尚未發展成熟、獨立、自主前，身為父母的你，還要常常適應與調節，日復一日，過著需要把優先的位置提供給另一個生命個體的日子。

孩子嬰幼兒時期，你得力抗睡意，爬起床泡奶餵食；孩子牙牙學語時，雖然可能覺得無趣了、厭煩了，還是得常常應孩子要求，反覆朗讀同一本故事書。也許很幸運，你的孩子特質溫和安靜，好吃、好睡又很好養育。不過，隨著孩子漸長，你仍會碰到無數次抓狂和困難的時刻。比方說小孩為了要一個商品架上的玩具，在大庭廣眾哭鬧不休；你心愛極具意義的收藏品，被孩子毀了；孩子硬是不聽勸，選了中看不中用的鞋……

當你心有餘力時，可能可以平心靜氣地向孩子解釋說明，為什麼事情不能如孩子所願、心愛的東西與你的生命故事、各種選擇的利弊得失等……但是，在壓力下，你常常沒辦法好好睡覺和休息，出現焦躁、心情不好、常頭痛等身心狀況。往往自己已精疲力竭，還得要關注另一個生命個體的各式要求和需要，那是多麼不容易啊！

陪伴父母成長的過程，包括我自己，往往發現父母在無法帶著好奇、開放、關懷的態度覺察自己，並好好照顧自己之前，不管腦袋裡有多少教養知識方法，不管多想按照書本或旁人建議，與孩子說話、互動，很多時候就是使不上力、無法做到適切的教養。也就是說，當父母這座花園，若缺乏園丁（你自己）關照與滋養，花園枯萎、沒有生命力，也很難去灌溉、滋養另一座花園——你親愛的孩子！

教養是生命影響生命的歷程，如何過日子？如何對待自己的身體？如何處理自己的情緒？如何做選擇？都深刻影響著孩子。就像搭飛機時，安全手冊提醒：當氧氣罩掉下來時，請先幫自己戴上氧氣罩，再幫小孩（身旁的人）戴上。父母真得要好好關照自己這座花園啊！

測試你的花園生命力指數

就在此刻，邀請你先來了解自己的花園樣貌，看看你的**花園生命力指數**如何？以下題目，請你依直覺作答：

1. 你最近是否經常感到時間不夠用，焦慮緊張家事、工作做不完？
2. 你最近是否常睡不好，會有失眠、易醒，睡覺品質不佳的狀況？
3. 你最近是否經常感到情緒低落、焦慮、煩躁、易怒的情況？
4. 你最近是否經常感到忘東忘西，變得比以前健忘？
5. 你最近是否經常覺得胃口不好？或胃口特別好、吃很多？
6. 你最近半年內是否不只一次感冒、生病？
7. 你最近是否經常覺得疲累，很想睡覺或怎麼睡都睡不飽，只要到假日幾乎都在睡覺？
8. 你最近是否經常感覺頭痛或肚子不舒服或腰痠背痛？

9. 你最近是否經常因為和孩子（別人）意見不同，心情不好？
10. 你最近是否注意力經常無法集中，很難專心閱讀？
11. 你最近是否經常覺得未來充滿不確定感？恐懼感？
12. 最近是否有人說你氣色不太好？

如何？你有多少題是「YES」呢？花園生命力指數傾向是如何呢？

●如果你有3個以下的「YES」：

傾向：花園生命力還行，養分還能負荷現在的植栽，如果可以，建議請多多到自己這個花園走走看看，不做什麼也可以，就是和自己「這座花園」在一起，欣賞並呵護它。

●如果你有4～5個「YES」：

傾向：由於壓力，也許有好一陣子你沒有好好照顧自己這個花園了。有些花兒乾枯了，也開始長些雜草。找些能活絡花園生命力的事做做，或多與良師益友聊一聊。也許很困擾你的壓力，在好好照顧自己這座花園的同時，會找到與它相處的方式。

● 如果你有6~8個「YES」：

傾向：你這座花園已經很久沒有園丁好好關照補水和灌溉，土壤的養分已深深不足了。也許你得找找相關的好手或資源協助一下。例如找心理衛生專業人員幫忙，或者接受系統性的訊息和學習，從心也重新，花時間整理花園，翻翻土壤，花時間做些能補給養育這個花園的活動。

● 如果你有9個以上的「YES」：

傾向：你的花園可能乾枯雜草叢生，生命力指數低落，建議請找找專業人員進行療癒，幫忙你恢復能量。先重整花園，讓花園的花草再展生命力，生活回到正常軌道。

唯有當你的花園有生命力，你才會更有能量去關心、關懷和關照「另一座花園」——也就是你深愛的孩子。

就讓我們開始接下來的40個正念教養練習，有些練習配合「聲音導引」（掃描頁面QR code）練習效果更佳，能幫助你重整荒蕪的花園，再現生命力。

1

先滋養自己，才能給孩子愛的教養

在三十幾年兒少家庭臨床服務的歲月中，我有幸參與許多孩子及家庭的生命故事，其中有兩位青少女讓我印象深刻，她們年紀相近。

一位因為拒學，由精神科醫師轉介到我的工作室。初見她是在盛夏的某一天，除了清秀的臉龐，身上那件淡藍雅緻的長袖外衣很是吸睛。（材質非常好，但天氣很熱啊！怎穿得住？）接下來她緩步進入會談室，待我說明自己的角色和約定，她不發一語地拉起袖子，露出從手腕處直到下手臂內側的密密刀痕，表情冷酷又死灰地看著我。這個眼神還不是當天令我驚嚇的，更甚是媽媽來接她時，她那憎恨得幾乎要吞噬媽媽的眼神，讓我背脊發涼。

後來我了解女孩為什麼會有那個憤憤眼神。女孩從小乖巧，在父母和大人眼中是人見人愛的貼心公主。從小就讀雙語學校，也學習各式才藝，是琴棋書畫樣樣皆通的孩子。當然功課好、得獎無數，父母十分引以為豪！女孩的爸爸是企業家，經常性出差，若在家也是繁忙地處理工作。媽媽事業也不遑多讓，同樣是出色的專業經理人，也有著許多交際應酬。父母都很忙，每天與女孩相處時間最長的是家中印傭雪莉。

升上國中後，女孩被同學排擠，出現了人際問題，開始有一搭沒一搭地上學，三不五時說自己頭疼、肚子痛。爸爸覺得，只是同學不理妳就不想上學，太嬌嫩了，這麼沒韌性怎麼接手我的事業？媽媽初期還會帶著她看各式中西醫，但都沒有效果，女孩還是不舒服無法上學。媽媽終於煩躁到口不擇言：「我也有工作，也有很多壓力啊！」「妳是不是故意的？」「妳到底想要怎樣？」女孩不再扮演可人貼心的角色，夫妻之間為了女孩不上學怪罪對方，每日爭吵不休。

另一位女孩，眼神也令我印象深刻！明亮有神，看著她的眼睛時，能感覺到微笑！她是有次我辦理兒童成長營隊中的青年志工，由於是過夜的營隊，她晚上需要負責陪伴孩子入睡和值夜。小孩非常喜歡聽她說床邊故事，更愛她陪同入睡。

有天我問她：「為什麼喜歡當志工？喜歡和孩子說故事？」

她說：「我的爸媽在夜市賣東西，每天晚上都要到不同的夜市工作。我從小就跟著他們，開著貨車到不同夜市，在貨車上爸爸媽媽會說各式各樣的故事，講月亮、說星星，還會和我一起玩故事接龍。雖然睡在貨車上，但我很喜歡一路和爸媽聊天說故事，我很快樂也很享受，所以我很喜歡說故事給孩子聽。」

兩位女孩差不多的年紀，卻有著不一樣的眼神和生命力。

我真心覺得，沒有不希望孩子好好成長的父母。兩位女孩的家長對孩子所做的，相信都是當下他們覺得可以給出的最佳照顧方式。只是對孩子來說，父母所做所言，真的是充分傳達了愛，幫助孩子健康快樂成長，還是「礙」呢？兩位女孩的故事深深提醒我，資源豐富與否，或者富不富裕，都不是重點。**父母如何扮演父母，才是大大影響孩子的關鍵，父母是家庭文化、家庭氛圍的掌舵者。**

無法辭職的責任

不可否認，孩子會為家庭生活帶來新鮮與快樂感，為父母創造許多美妙時刻——但有時又不是那麼一回事，因為許多困難和壓力也隨之而來。當父母教養子女真的不容易，可說是全世界最困難、最有壓力的工作。這個工作無法累了、倦了便中途離席，也不能因為沒熱情和沒成就感，就辭職不幹。這個工作無薪無酬，一旦開始就是一輩子的事，過程中還會碰到自己最深層「欲」與「懼」的人生功課。親職的種種不容易，有的是階段性，有些是長期性，有些來自環境、家庭，有些來自於個人身心。無論如何，這些都能成為父母的壓力。

壓力來了怎麼辦？

我們常說「我壓力大」、「你這樣我好有壓力」，但是到底什麼是壓力？

不知道你有過這些經驗嗎？

「疫情那麼嚴重，孩子還得上學，我感到很擔心。」

「最近被很多事情壓得喘不過氣。」

「要另一半看一下孩子的功課，結果卻和孩子玩起來，我感到很沮喪，不只生氣，而且會想放聲尖叫！」

沒錯，作為父母生活中的各式壓力源（內外在各種事件），所經驗的所有身心反應，就是在提醒「有壓力」。任何人對壓力源都會有程度不一的身心反應，這些身心反應會自動通知你，以便你啟動各種機制因應壓力。

那麼，有壓力就是不好嗎？——並不是的，適當的壓力會讓身心提高警覺與注意力，幫助自己更仔細與謹慎行事，從而發揮出好表現，面對教養與生活中的要求並且解決問題。只是如果長期處在壓力下，且超出個人能掌控的範圍時，就會影響身心健康。慢性壓力可能會導致嚴重的心理健康問題，像是憂鬱症，也會導致焦慮，讓你每天都充滿擔心、緊張以及恐慌。由於大腦和身體的運作是相關聯的，慢性壓力也幾乎會影響到你身體上每個器官，導致頭痛、消化問題、肌肉疼痛、疲累、睡眠困難，以及其他健康相關症狀。

資訊小窗

長期承受壓力，對身心的影響

- **身體方面影響：**肌肉繃緊疼痛、頭痛、背痛、心跳和呼吸急促、容易感冒、手腳冰冷、腸胃不適、失眠或嗜睡、經常疲倦、高血壓、潰瘍和氣喘等心因性疾病。長期下來則可能出現心臟血管、腦血管、腸胃道、肌肉骨骼、免疫功能失調等各種疾病，更可能長期生病不易痊癒。
- **認知方面影響：**注意力不集中、記憶力變差、對自己表現不滿、討厭自己。
- **情緒方面影響：**心情低落、情緒不佳、情緒波動大、焦慮、煩躁、憤怒。
- **行為方面影響：**食慾不振或大增、緊張、衝動、無法放鬆、坐立不安、容易生氣、社交退縮、做事提不起勁、工作效率低、嘮叨、強迫性地自我疲勞轟炸、抽菸飲酒，甚至濫用藥物、自我傷害。

壓力之下，父母身心不舒適，面對孩子更容易情緒化與衝動。

崩潰的爸媽

在老二出生前，翠芬是公認的好媽媽，一向溫和又不發脾氣。雖然單獨照顧老大時，也會有搞不清楚孩子為什麼一直哭、無法安定，因此而感到挫折和無助的時候，但是很快就被孩子天真無辜的表情融化，再度愛意滿滿地擁抱和安撫孩子。但有了二寶後，某天三歲的兒子在妹妹的嬰兒床上蹦蹦跳跳，她大吼：「不要跳！你在做什麼？」兒子沒停止，她突然失去理智推開兒子。兒子因為被大力揮打而跌下床，小手禁不起衝撞的力道而骨裂。

陳先生離婚後，獨自照顧四歲的女兒。他也是公司的主管，管理幾百位員工，每天有開不完的會，但是都能夠有效能地處理。員工也在陳先生恩威並施的管理下，服膺老闆。有天晚上，平常天真可愛的女兒，卻不停哭鬧，無論陳先生怎麼哄、怎麼抱、怎麼安撫都沒用。忙了一整天、極需要睡眠的陳先生，氣急敗壞地抓住女兒，對著女兒的耳朵大喊：「閉──嘴──！不──要──哭──！」然後，丟下四歲的女兒，離家出走。大半夜公園晃一圈後，才回過神來，驚覺不妥，趕緊回家。

為什麼本來能溫和對待大兒子的媽媽，會用那麼大的力氣推打還無法反擊的幼兒？可以理性、有效率處理公司煩雜人事的爸爸，會如此狠心丟下沒有太多語言及情緒表達能力的幼兒呢？這是接下來我想與大家談的，人對壓力的「自動反應機制」。

壓力下的本能反應

首先再次提醒，人面對壓力，會產生程度不一的身心反應，藉以通知主人正處於壓力之下；人的身體同時間也會啟動各種機制，來因應壓力。

舉個例子，去登山時，身處荒郊野外的你，這時突然有一隻老虎出現了。當你看到老虎的那瞬間，你的大腦透過神經傳導以及荷爾蒙的分泌，即刻對身體各個部位發出訊號，這些訊號會讓你的整個身體，迅速產生顯著的變化。

你的瞳孔放大、聽覺突然變得異常敏銳，以維持警覺；你的心臟會開始加速跳動，而且會越來越快，以便提供足夠的血液至你身體的各部位，用以因應危險。

你的肺臟運作也加快，呼吸會越來越急促、越來越淺。如此一來，才可以提供更多氧氣給心臟和身體所需。

你的大肌肉充血繃緊，包括腿部肌肉也會緊繃，做出隨時逃走的準備；你的手臂肌肉也會緊繃，隨時有打架的準備。你會感覺手腳冰冷，所有熱能全供應給大肌肉，以便大動作且快速地攻擊或逃跑。

你會大量流汗，以免身體溫度升高，而你的脖子和肩膀甚至是臉部肌肉也會緊繃，以協助你變得更加警戒。

你的消化系統在反應壓力的時候，腸胃會降載，好讓大多數的血液流向心臟、肺臟以及肌肉當中。而與此同時，當血液從腸子流開，也會因此感到沒胃口、更不會想花時間吃東西。你的腸子會壓縮並且開始進行排空，減輕重量後，身體變輕，動作會隨之變快。當然，這種情況會因人而異，有些人會很想要大小便，有些人會想要嘔吐，有些人則是感到肚子痛。

你身體的壓力反應，是為了幫助你進行戰鬥或逃跑。當然，有時候壓力反應也可能是相反的，例如：瞳孔收縮、感覺遲緩、肌肉無力、疲倦、血量減少、血壓下降、減少排汗、心跳呼吸減慢、整個人僵住甚至會昏倒。這樣的反應也有幫助，老虎不容易發現你，還以為你死掉，就不理你而離開了。

生命在受到威脅時的緊急狀況，強烈的反擊（攻擊），更快速地逃跑（逃避）或是躲起來與裝死（僵立），這三種本能身心機制出現的快速反應，會幫助你在面臨威脅時有機會存活下來。

問題是：孩子（或教養問題）不是猛獸啊！

戰和逃的直覺反應是很正常也是很重要的，只不過當你面對孩子和教養困難時，不懂如何掌握或調節戰和逃的能力，以「直覺」「立刻」使用，即便在沒有實際、立即與緊急生命威脅時也濫用這個天生的能力，就麻煩了。就像前面的例子，好媽媽翠芬突然大力反擊幼兒，能幹的主管陳先生面對哭泣的小孩，居然就這麼走掉。

沒錯，原古時代，大家都住在洞穴中，最大的壓力來源就是如老虎般的猛獸。面對生死有關的威脅——猛獸，為了求生存，快速出現「戰逃反應」，非常適切！這種能力當然也內建在演化得勝的人類身上。

只是到了現代，我們的壓力源來自各方面。以父母教養孩子來說，壓力源也許是孩子頂嘴、拖拖拉拉、不寫功課等各種發展、成長出現的問題。三種慣性：攻擊、逃跑、僵住傾向的反應，對教養就不太合適了。

例說，當孩子頂嘴，你馬上反應——

- 口語攻擊：「你王八蛋，敢頂嘴！去死！」
- 肢體攻擊，打他一巴掌。

● 不做聲地避開孩子，自我責怪：「我到底做錯什麼？居然孩子這樣對我說話？」、「我好差勁！」

結果孩子可能更會頂嘴、更我行我素。

當孩子被老師在聯絡本上記上一筆。你的反應是——

● 「孩子又不在家，老師只會寫要家長做什麼……」不斷罵老師。

● 「你看你又來了！到底要說幾次？叫你上課專心，你是豬啊？聽不懂嗎？」

● 好心疼，頻頻安慰孩子沒關係或者完全不管老師。但孩子可能覺得「不是我的問題」，或是更加故意做出壞表現。

提醒孩子好多次，別再看手機，小孩不理會，繼續滑手機。你的反應是——

● 衝過去搶手機。

● 氣到把手機砸了！

● 放棄，管他去死！眼睛壞了活該！

結果孩子可能更叛逆、更極端地沉溺於手機。

對待老虎猛獸，戰（罵、打）、逃（走掉）等慣性反應很有用，但是孩子（教養問題）不是猛獸，當父母得需要發展更多其他的辦法，來因應和處理各式教養問題，讓孩子得以學習和成長。

當然，戰和退（逃）並不是不好或無用。如果陌生人要抱你的小孩，此時採用攻擊、大聲斥喝、推開陌生人，都是有用的反應。如果你和孩子過馬路時，看到高速來車，你快速拉走孩子「閃避」，也是需要的。

戰逃反應有時候在教養孩子時確實有幫助，但是你得要有智慧、有覺察地拿捏。比如當孩子動不動發脾氣就打你、咬你，你用力環抱抓緊他，制止孩子狂暴地亂打亂咬，或者用適度的力道，打（戰）回去，而且是打在肉比較多的安全部位，讓孩子感受被打是不舒服的，待孩子穩定，再開始進一步教育他表達情緒的其他方法，也不失為一個選項。但是，這對許多父母是個挑戰，因為父母必須在被攻擊之下，仍保持清晰的覺察，才能看清楚孩子的狀態、知道此刻要教孩子什麼，並有意識和有意圖地掌握或調節戰和退的分寸。

麻煩的是，當父母擔負了工作壓力、親職壓力、社會期待等，多重生活壓力已然爆表時，父母在身體上、心理上更會感到「孩子出現的教養問題」是一種威脅。當你覺得壓力源是大威脅，被威脅的感覺轉變成憤怒和敵意，危險訊號就會一觸即發，全身瞬間啟動特定的慣性反應。這個慣性反應是自動、迅速進入的警戒反應，是一種為了保護、維持和拿回掌控狀態的防衛或攻擊行動，會使你容易出現快速、粗暴、失去分寸的衝動教養行為。這些衝動行為通常是不知不覺，經常把原來單純的問題搞得更複雜，更麻煩，淪為吵架、混亂，甚至暴力的局面。

衝動教養對孩子成長發展的不利影響

教孩子數學，孩子總學不會，「講那麼多次了，你是沒帶大腦嗎？」

小孩走路跌跤，「就叫你小心點，你沒長眼睛是不是？」

下雨回家，孩子拿布擦自己的鞋，「我來就好，你別弄，很髒！」

衝動的教養行為，大多是：大量的批評、責罵、嘮叨、過度保護、我不理你的「拒絕行為」。這些教養行為主要目的是化解父母自己的威脅與焦慮感，通常帶著不好、不對、不妥、不可以等評價，且在當下帶有強烈的想改變孩子的念頭。

想改變「孩子的當下」＝「改掉我」＝「我不對」，如此出現的語言和非語言，常帶著「吞噬」意味（父母的我想、我要、我認為、我感覺，強大地要吞掉孩子的「我」）。一個強烈感覺到自己會「被吞掉」的孩子，當然也啟動強烈的威脅和危險感，身心發出大量危險、危險、危險訊號，開始啟動像人們碰到老虎時一系列的「自我保護和防衛」的身心反應。孩子瞬間全身也全力防衛、攻擊，或用各種辦法欺騙、敷衍，以便逃開好似老虎的父母，這更容易增加你在教養的難度和壓力。

而且在臨床服務和實務研究上我們看到，衝動教養下的孩子，反而出現更多生活懶散、做事拖拉、自控力差、沒有學習動機、作業不認真、馬虎、注意力差、專注、缺乏自信、依賴父母、易放棄、情緒暴躁或低沉、人際關係緊張等等情況。

還記得前面談到那位拒學的少女嗎？爸爸想將自己面對問題的想法和價值觀灌壓在她身上，媽媽用盡僅剩的時間精力，想快點解決孩子的問題，但是少女更加無法動彈。與少女的爸媽一樣，身為父母沒有不想幫忙孩子解決問題的，但是為什麼仍常常會失手衝動地讓自己的「愛」成了「礙」呢？

威脅、危險訊號容易讓你大腦當機嗎？

身體和頭腦是密切連結的，兩者之間時常發送訊息。現在讓我們來了解當產生「攻擊、逃避、僵立」等壓力反應機制的時候，腦部正在發生什麼變化。

美國精神醫學臨床教授丹尼爾・席格（Daniel J. Siegel）用兩層樓的房子來比喻大腦結構。

下層腦從出生就發展完全，由腦幹和腦邊緣區（包括杏仁核等）構成，通常稱爬蟲類腦，它十分原始，一出生就發揮功用（很活躍）。比方說當嬰兒肚子餓，或是幼兒無法稱心如意時，很快就會以直覺反應開火！這裡負責最基本的心智運作，擁有強烈的情感與直覺，也是警告系統，是發出危險信號的系統。基本生存功能也由這裡控制，像是呼吸、調節睡眠和甦醒的循環，以及消化等功能。

上層腦的前額葉皮質，在人類出生後才慢慢開始發展。它負責讓你可以選擇性專注在一件事上、可以把注意力帶回來、進行更精密複雜的思考、判斷與安排先後次序、周全的決策和計畫。還有能等待一下的衝動控制、情緒身體調節，並包含同理心、洞察力，社會智商等。是由大腦皮質所構成，位於額頭正後方。

上層腦

掌管思考、調節情緒

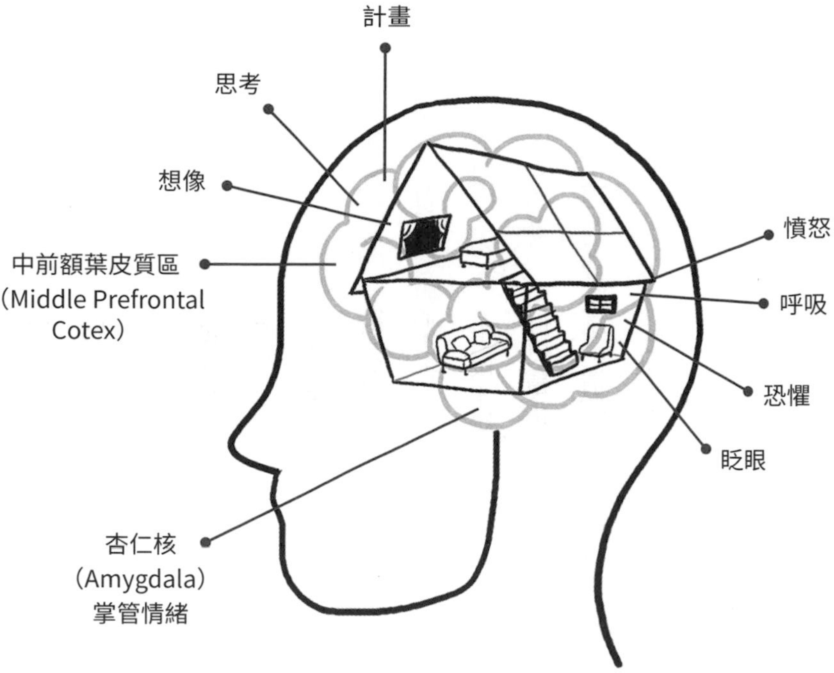

下層腦

包含腦幹（Brain Stem）與
邊緣系統（Limbic System）

※ 參考丹尼爾・席格《The Whole Brain Child》書中圖表重製而成

大腦分上下層

當你的腦部收到壓力襲來產生威脅警訊時，你的身體會切換至攻擊、逃避、僵立反應模式，並且啟動你的下層爬蟲類腦。你的下層爬蟲類腦會讓你感受到強烈的情緒，像是威脅感或是恐懼甚至是憤怒。

問題是，爬蟲類腦並不聰明，因為它主要的作用是處理與你生命安全有關的立即威脅。因此，當你的爬蟲類腦啟動的時候，即使不是每件事情和每個人都在攻擊你，它也會讓整個情況看起來像是如此。而爬蟲類腦啟動之後，由於你是從強烈的情感角度去看世界，你的察覺能力很容易會被扭曲。

當爬蟲類腦高度運作的時候，血液大量往下層腦衝，負責思考、計畫、調節注意力和衝動控制等的上層腦的營養補給就減少了。於是，原本可以**合作的上下層腦**當機了。當你整個人被下層爬蟲類腦挾持時，很容易錯認紙老虎是真老虎。

真的老虎當然會對你生命造成危險，但是，作為父母時，很多你所感受到的威脅和危險（不論是真實或想像），所威脅的是你的自尊、權力、地位、自我意識、強烈認同的信念或信仰，想控制某些事的慾望、希望事情按照某種方式進行的渴求（比如孩子吐奶、孩子考試考差、先生或太太和自己持不同教養意見、很想買的東西賣完了、沒睡好、肚子餓等等）。雖然生命並不會真的受到脅迫，但是突然而來的威脅感都有可能激發你的爬蟲類腦，而引發一連串好比自己正被真的老虎攻擊一樣的反應。有時候這些反應常常會過度，讓你對孩子的愛變成礙，甚至被孩子誤解，導致更多親子衝突。而孩子的各式問題進而又形成更大的親職壓力，長遠影響你和家中每一個人的身心健康、關係和整體家庭的發展和幸福感。

真正的教養

父母大部分的壓力源來自於「教養」，但教養是什麼呢？

我認為教養是包含「教育」＋「滋養」。父母的重要任務是**教育**孩子成為一個能享受生命，充分發展潛力、擁有有意義的人際關係、慈愛自己、關心他人、有責任感的成人；並滋養孩子，在親子獨特的關係中，讓孩子感到安全、被關愛、被支持和被接納，同時允許孩子形成自我，找到自己在這個世界中的定位。

「教育」孩子需要智慧，「滋養」孩子需要能量。如果父母在各式壓力下，沒辦法緩解自己，身心俱疲，如何有滋養孩子的能量呢？如果父母面對各式教養困難或問題時，卡在壓力的慣性反應，也就是心智依舊不知不覺就掉入生命受到脅迫的慣性反應——攻擊、逃走或僵住。大腦當機，又如何保有育兒的智慧？

或許在壓力之下，去看場電影、吃個美食、上美容院、網購、買精品、運動、瑜伽、按摩、芳療、聊天……沒錯，這些活動可能會疏解一下自己的疲累，讓你有電力再回到教養現場「養」孩子，這也很好！

但是，這些活動大多沒辦法直接「充能」，或啟發你「教」孩子所需要的各種智慧。碰到教養困難時，很多時候仍是十分無助。於是，在時間和資源有限下，你可能換一個方式，把自己抒壓的活動和時間，改為去學習更多書上、坊間、演講、各式課程等提出的教養方法，例如學習如何對孩子說話、如何處理孩子各種問題，如何改善（變）孩子等——把焦點都放在「孩子」上。結果你可能會沮喪的發現，那些大家說的好辦法，常常在關鍵時刻都用不上。為什麼呢？因為要施行「教養」的這個人，在壓力如山大的煎熬下，大腦常常已經當機了呀！

有什麼方法同時緩解壓力、滋養父母的能量，又可以充能父母，並且開發出自己內在資源和智慧，來因應隨著父母角色而來的各式議題和困難呢？

培育正念是好方法！

「正念修習」，對於減輕壓力、調節身心症狀、增強復原力、平衡情緒、促進大腦活化、提升免疫系統、人際溝通、增進幸福感都很有幫助。培育正念，相信對父母也會很有助益。

正念減壓（MBSR）創始人喬・卡巴金（Jon Kabat-Zinn）在為人父母的歷程中，親身體驗出培育正念如何深度的幫助自己、安頓自己。在面對壓力和挑戰時，保持醒覺，能辨識出引發自己衝動的反應，穿透表象，看清楚問題的真實面貌。

正念能深入洞察自己、理解孩子，並在所覺察的基礎上，轉化衝動為智慧與慈悲的行動。

再者，越來越多國內外研究發現「正念培育」（帶著正念進行教養）有助於增進父母的效能、緩解父母的焦慮、抑鬱，減輕父母的困擾，並減少父母對孩子的攻擊行為或虐待，降低父母的教養壓力，促進親子關係，提高生活品質和幸福感等。

這幾年我在華人地區推廣**正念教養系統（MBPS）**，也見證許多家長把正念帶到教養和生活中對自己的幫助與改變（請見附錄〈正念教養的真實案例〉），這些家長透過培育正念，滋養自己的身心，減緩教養各式的壓力與焦慮感。真真切切透過正念覺察與正念練習，與自己內在智慧相遇，把原本總是以為「生存」時刻的**威脅**轉為「成長」時刻的**挑戰**。

於是，本來繃緊的身心舒解了，緊張的親子關係和家人關係也鬆開了，而本來麻煩的問題也就撥雲見日，有更廣更彈性的處理方式！

資訊小窗

鄧肯博士（Larissa Duncan）其團隊於二〇〇七年起開始研究正念，在增進父母的心理健康、教養子女行為、家庭的和諧，和生活適應方式間的關係。他們發現，正念培育對於父母（教養者）有五個很重要的幫助（作用機制）：

1. **人在心在、全神貫注地傾聽：**全心專注地傾聽並且對當前體驗的接納性覺知，更融入當下做法來和孩子互動，或更精準地觀察體悟到正在發生的事情。
2. **對自己和孩子的不評判與接納：**覺察自己對孩子行為的歸因和期望，不評判、並且能接納自己和孩子的特質、品質和行為獨特性。
3. **對自己和孩子的情緒覺察：**父母可以透過對親子互動的正念覺知來辨別自己和孩子

的情緒，從而對親子關係互動做出有意識的選擇而不是自動化反應。

4. **在親子關係中的自我調節：**幫助父母在親子互動中進行自動反應之前先暫停，由此培養父母的自我控制和對教養行為的選擇。

5. **對自己和孩子的慈悲：**正念父母能滿足孩子恰當的需要和安撫孩子所遇到的苦惱，較為寬恕慈悲地看待自己的教養努力。

認識正念（Mindfulness）

正念是正向思考、正確的觀念、正能量、積極樂觀嗎？NO！NO！NO！如果你是這樣認為，就誤會大了！

正念的正，並不是正確、正面；也不是正向、積極樂觀。正念的正，指的是「正在發生的」，既然是「正在發生的」，就不一定都是光亮的，有各式各樣的可能，包含愉快的經驗、不愉快的經驗，還有沒什麼特別的、中性的經驗。白話來講，就是全心投入當下，現在進行式的體驗。

而念，是中文字「今」＋「心」而成，就是「今心」。意思是深刻覺知當下的念頭、想法、思考、感受、情緒等，各種身心的內容與變化。

當代正念大師，**喬．卡巴金（Jon Kabat-Zinn）認為：正念是刻意、有意識地將注意力放在當下，對於一刻接著一刻所顯露的經驗，不給予評價地保持覺察。**

簡單說，正念是不帶批判眼光，充分覺察當下所發生的一切。這一切包括身體的、思緒的、心理的所有感官訊息和周遭世界。

正念的源頭

正念源自於兩千五百多年歷史的佛教，正念的梵文是「smrti」，字根Smr意為「憶念」，佛教最早期經典所使用的巴利文為「sati」，有大量的經文說明培養正念的方法。然而在基督教、印度教、伊斯蘭教、猶太教、道教和許多世界各地的心靈傳統與智慧文化當中，也會發現「全心臨在當下」以及正念，都是重要的態度和觀念。包括許多先知、哲人也都提到心在當下的重要，如：十三世紀古波斯哲學家詩人魯米（Rumi）、十九世紀美國作家、詩人、哲學家梭羅（Thoreau）、一九七九年諾貝爾和平獎得主德蕾莎修女等。

因此，正念可以說是普世的修行。**不論你是誰、來自哪裡，任何人都可以從正念修習**

中獲益。也就是，你不需要成為佛教徒才能夠培育正念（正念練習），你可以是任何宗教又或者是無宗教，都行。

時至今日，當代正念（如：MBSR正念減壓、MBCT正念認知療法等）將幾千年奧妙的佛教心理學、禪修訓練、瑜伽等東方古老智慧，淡化宗教色彩後，融合西方科學技術，並在大量的腦神經科學、心理學等科學研究支持下，發展出系統化與結構化各式正念練習與方法，目前已應用在身心醫療、教育、管理等等，協助人們提升身心健康、因應壓力、打開內在智慧。也有越來越多的科學證據表明，正念不只是對成人有幫助，對於青少年、學齡兒童，甚至幼兒園的孩子，都相當有價值。

在我行之有年的正念兒少臨床工作實證中，也看見正念確實能夠提升孩子的注意力和覺察力。這種正念覺察是在有意識的、當下的、非評價的專注過程中產生的，是學習任何知識的基礎，同時也會培育慈愛、同理心等社會行為。

培育正念，你與孩子都受益

培育正念能幫助你，有覺察地不按下會讓孩子大腦GG的按鍵。同時透過自己的正念練習，你會學習與真實的自己同在，用正念滋養自己，允許和自己強烈的情緒在一起，覺察傾聽它，並對自己回應以智慧和慈愛。

而這個經驗會內化，並讓你知道如何幫助孩子的大腦重新鏈接，活用上層腦以獲得更好的專注力、心理健康和身體復原力。

你會知道在「教」和「養」孩子時，什麼是智慧和慈愛地回應孩子，而讓孩子從你的示範和身教中受益，走向身心健康。

培育正念是需要行動的，邀請你帶著清醒明智、對自我慈悲的意念，充滿愛並開始行動吧！

2

專注當下，照顧自己的身心

接下來，邀請你一起透過書中40個簡單的練習，培育正念。體驗專注當下的美好與充實，有能量完成日常工作及父母的職分。能平靜地處理情緒，幫助自己學習、成長，並且產生洞見。

祝福，每位父母的生命花園都能繁花盛開，充滿生命力，讓孩子更加受益！

正念練習1 慈愛地與內心約定（配合「聲音導引」練習效果更佳）

請掃描

壓力會干擾身體的平衡，讓我們對疾病及病毒感染較無抵抗力，希望經由每個主題及練習，滋養父母「自己」這座花園。當我們的身體處於深度平靜的狀態，會進行自我修護，幫助我們的身體自我療癒。也會體驗到由內在而發的平靜，清澄與快樂。

現在，無論你在哪裡，找個安全不被打擾的地方，坐著站著或躺著，和自己在一起一會兒。

如果可以，微微閉上眼，對自己說以下的話：

我是我自己這個花園的主人，

無論有多忙，無論多沒有時間，

我有權利也有義務來照顧好我自己的這個花園。（再對自己重複說兩次）

意願是行動的柴火，慈愛地與內心約定，就是邀請你有意識地升起意願，實踐照顧自己。

不立刻評價，是為了好好判斷

曾聽一個故事，故事是這樣的。深夜裡一艘超級航空母艦在海上進行任務，突然雲霧瀰漫使得能見度很低，艦長緊急至駕駛艙指揮，不能有一些閃失。就在此時，艦長看到距離五個船身的遠方有一閃一閃的微弱燈光，他快速下達命令，請訊號兵發摩斯密碼：「這是美國海軍獨立號，我們將通過前方，請速往東轉十五度，以防意外。」很快地，對方也回應：「獨立號請注意！請向西轉十五度以避開我們。」

艦長看到對方要自己避開的訊息後非常憤怒，他想美國海軍的航空母艦是何等大，更是世界獨一無二的，豈有讓路給其他船隻的道理？因此他再下令訊號兵告訴對方：「這是美國航空母艦獨立號，我是艦長可恩中將，請立即、馬上、立刻向東轉十五度，以免撞到。」

接下來，對方又回應：「我是二等兵，這裡是燈塔，麻煩即刻向西轉十五度避開燈塔。」

很多時候，我們就像這位艦長，習慣用某些角色和位置，很快地做出評價，認為自己的意見才是對的，甚至不加思索地認為所有的問題都是別人造成、都是別人要改變，因此導致許多工作與人際關係的問題。

孩子（事實上，只要是人）喜歡與他有相同狀況、共同語言的人相處，也比較能夠聽進去「相同頻率的觀點」。父母若能學習不要馬上評價孩子的對錯，耐心地聽完他所表達的內容，並在與孩子互動時，拿掉辛辣的情緒性字眼，就像故事中的二等兵，也是心平氣和地表達事實和意見：「這裡是燈塔，麻煩請即刻向西轉十五度避開。」沒有命令、沒有咆哮，沒有「我才最大」的驕傲。重要的是讓孩子明白，無需在父母面前證明「我才是對的」，才能放下防衛，看見真正發生的事實。

人生就像大海一樣充滿各種挑戰，而每個人都開著一艘自己的航空母艦，要清楚判斷往哪開是需要「智慧」。而這智慧，是在一個人能「跳脫慣性自我中心或防衛」的時候，才能打開覺察、看見各種可能性，為自己選擇合適的行動。

陪伴孩子探尋他的人生，透過了解自己的心情、想法和行為，也學習不馬上評價的態

度，給自己更深度、更廣大的視野，並覺察自己與世界的關係，再好好地判斷與選擇，孩子會更自信地駛向開闊的人生！

帶著好奇，打開覺察

我們知道的不多，而不知道的事遠比知道的多更多！當父母時，對自己不知道所有的答案，不用自責，因為這是很正常的事！而且也不需要急於立刻得到答案，畢竟每個當下都是由無限多的因果關係與條件所形成。請放下對觀點、意見的執著，展開覺察。

不需要用好壞評價性的篩選器看自己、看孩子與世界，而是帶著好奇，敞開胸懷，保持謙遜與開放的心，展開覺察。當你看見更多、了解更多，你才能明智地選擇適合當下的教養行動。

法國作家普魯斯特曾說：「真正的發現之旅，並非尋找新的景觀，而是擁有嶄新的視野。」

一個練習比一萬個理論有用，邀請你就從「品嘗這一口食物」的練習，打開覺察——保持好奇和開放的心！

正念練習 2

正念品嘗果乾（配合「聲音導引」練習效果更佳）

請掃描

練習前，請先為自己準備幾顆果乾（或者水果），放於小盤。並帶著食物，找到一個不會被打擾的空間，將一切會讓你分心的因素放一邊，靜音手機，安穩地坐下來。你可以隨著正念培育「聲音導引」進行練習，或者先花幾分鐘閱讀以下的引導，然後用至少五分鐘的時間，清明覺知慢慢品嘗果乾的體驗（或者水果）。

正念品嘗果乾的步驟

1. 請你將一個果乾（或水果）放在任何一個手掌心中，先不吃掉他們，想像自己是第一次看見這個小東西，就像科學家那樣，帶著好奇，用所有的感官來探索你的眼前的小東西。
2. 在手掌中感覺一下它的重量，也感覺接觸這個小東西的觸感，是軟、硬、粗或滑、乾、濕、黏……等等。
3. 用你的眼專注地看看它，留意自己看到了什麼大小、形狀，有什麼顏色、紋路、皺褶？試著用手指翻個面，看看背面，上方、下方？光線下的光澤、暗淡、透光？

4. 接下來，請把小東西放在鼻下，感覺一下聞到什麼氣味呢？

5. 將小東西移到耳朵旁，碰碰耳朵、搖一搖、輕輕按壓或擠一擠，聽聽看有沒有聲音呢？

6. 將小東西移到嘴唇，當小東西慢慢靠近嘴唇時，注意到口中是否有著小小變化，也許你會察覺到唾液量開始不同。接下來張開嘴巴，輕輕將小東西放到舌頭上。就放在裡頭，先不咬它。留意它在你嘴巴裡的碰觸，舌上、舌下，上下左右的感覺、口水量的變化，此刻嘗到什麼味道，清楚感覺小東西在口中的所有覺受。

7. 終於要咀嚼小東西了，請刻意放慢速度咀嚼，注意你咬下去時的變化和釋放的滋味。注意小東西如何被切碎，如何總是跑到嘴中一邊，而不是另一邊，牙間？舌頭？唾液？細細感覺一次又一次咀嚼時，不斷改變的小東西。

8. 一旦覺得可以吞嚥了，有意識地注意這個吞嚥的意向，看看是否可以留意到小東西是如何從口慢慢移動到喉嚨、進入食道，然後到胃裡，和自己合而為一。試著感覺吃下這個小東西，感覺小東西和你融合在一起，你的體重多了這個小東西的重量，帶給你什麼感覺和感受。

9. 謝謝自己願意用開放和好奇的心，打開五感覺察，體驗正念品嘗食物。

〔正念品嘗果乾練習〕反思

集中注意力在吃一顆果乾（或水果）的時候，有注意到什麼嗎？不是指你怎麼樣去「想」這顆果乾，而是直接體驗的感覺是什麼？打開五感，運用了視覺、聽覺、觸覺、嗅覺和味覺慢食小東西，感覺如何？

這和你平常吃東西有什麼不同？

也許平常速度很快，或者一邊吃一邊分心做其他事，慢食感受的幸福感和飽足感，有什麼不同嗎？

在這個練習中，你是否注意到以前從未注意過的事情呢？

包括在食物送入嘴裡之前，覺察到身體多麼自動地升起各種反應，口中唾液的分泌、手指到手臂的動作變化等，甚至心裡的變化，如：想吃的慾望、等不及的心情等。把食物送入嘴裡之後，發現口腔的變化又是什麼？

你吃的小東西，有著它成長的歷程，它吸收了陽光、空氣和水，慢慢長大，經過許多人的幫忙和付出，在各種條件配合之下，很有緣分地來到你手中，並進入你的身體裡。吞食後，身體的感覺？心裡的感受？有浮現什麼想法？

你吃的小東西是世界上獨一無二的小東西，不會有另一個小東西和它一模一樣。你可以看見、觸到、聽見、聞到、嘗到它的獨特，和它的豐富嗎？

還是在練習時，覺察到跳出各種念頭、判斷或習慣，如：想著為什麼要做這個奇怪練習、我從小就討厭（或很喜歡）這個食物、好無聊……等，這些念頭、想法和感覺，如何影響你和這個小東西在一起呢？是否會影響你打開好奇和開放的心，去展開五感，好好品嘗小東西呢？

在此提供一位媽媽的練習心得：

當我運用此方法慢慢練習品嘗果乾的時候，我注意到了平常沒有注意到的幾件事。我注意到了一個果乾不同的部位有不同的顏色，我也注意到了當我把它放在耳朵旁邊擠壓它的時候，它所發出來的聲音，我更注意到了一顆果乾是如此的美味。對於僅僅是吃一顆果乾就能夠如此享受，對我而言是很令人感到驚訝的事，即使我平常不太怎麼喜歡果乾。雖然也吃過了不少果乾，可是常常在心不在焉的情況下吃的，吃的時候只有吃的動作而心是在別的地方。當我花多一點時間並且去注意到這麼一件小事的時候，居然吃果乾的體驗變得這麼豐富，甚至是果乾的味道嘗起來好像也變得更好吃呢。

是的，當你願意帶著好奇心專注於某事，並且抱持著開放心態覺察的時候，往往得以將自己從偏見和期待之中解放出來，體驗生命就是一個瞬間接著一個瞬間。

身為父母（或教育者），也可以問自己一個問題：如果孩子（或孩子令你煩惱的行為）就是這個「小東西」（果乾），現在你是否是保持開放與好奇的心，打開覺察呢？學習讓自己保持新鮮和敞開的眼光與覺察，來對待每一刻的人、事、物，當我們看見更多訊息，同時也會有更多選擇，這時就能對自己和孩子當下所需要的，給予相對適切的回應。

邀請你每天找一個機會，試著練習品嘗當下的這口食物，感受食物的滋養與美好。也打開覺察感受那些食物適合自己，並選擇適合的食物滋養自己的身體。

飄移不定的心是不快樂的心

一顆飄移的心會東想西想、人在心不在，不但無法關照當下自己身體的變化、情緒的樣貌，也無法注意周遭人、事、物的狀況。當然也就沒辦法享受當下正在發生、自己正在做的事。錯過一天又一天，飄移的心也飄移掉了我們對當下幸福的感知。

二〇一〇年，哈佛心理學家馬特・基林沃思（Matthew A. Killingsworth）和社會心理學

家丹尼爾・吉爾伯特（Daniel T. Gilbert）對於人在什麼時候會感到真實的幸福（快樂）進行研究。

他們透過蘋果手機APP程式「你的幸福足跡」（trackyourhappiness），對人們正在發生的想法、感受和行動，進行實時監測和採樣，總共從一萬五千多人中，得到超過六十五萬筆的即時紀錄。這些人涵蓋各式各樣的群體，包括各個年齡層（十八歲到八十多歲），不論學歷高低、收入多寡、已婚、離婚、守寡者等。這些受訪人，來自超過八十多個國家和八十六個不同行業的群體。研究發現：

1. 分心不僅常常發生，簡直無處不在，遍及我們所做的每件事。比如：65%在沖澡時是分心、50%在工作時是分心、40%在運動時是分心，做家事、刷牙、看電視、聽音樂等二十二項日常生活的活動，都有程度不等的分心情況。
2. 分心和不快樂是有關聯的。人們將近一半的時間（30%~47%的時間）都在想著此刻周遭環境以外的事情，而大部分分心（白日夢）的狀態是不快樂的。

而馬特・基林沃思和丹尼爾・吉爾伯特也以研究結論：**「飄移不定的心是不快樂的心」**（A wondering mind is an unhappy mind）為篇名，於同年發表這項研究於《科學》期刊（Science）上。

這種心不在焉、分心的習慣，是否也常出現在你和孩子在一起的時候呢？孩子想跟你聊聊白天在學校和同學發生的事情，多數時候，你會做什麼呢？是否滑著手機、想著工作、糾結在未完成的事，或忙不完的煩躁情緒等？是否失神，或一直說著自己關心的事，甚至打斷、改變孩子的話題？這種不專心的情況，頻率高嗎？

專注當下，感受每一份平凡的幸福

孩子是透過父母與自己互動的方式來認識自己。當我們的心和目光被過去拉走，或過度把焦點放在未來，及自己固著的想法、念頭時，身體雖是在孩子旁邊，心卻飄得遠遠的。如此會讓孩子感到自己不被聽到、不被了解、不夠重要、不夠好，產生被忽視的感受。父母也將錯過許多與自己在當下、和孩子在當下的真實連結與機會。感受不到當下親子同在的幸福感，是多麼可惜！

另外，很多父母還有一種情況。就是常常想。等我做完家事、完成計畫之後，我再聽你說、我再陪你玩。但孩子不會永遠待在我們身邊，很快地，他們就會展開屬於自己的人生，能和孩子在一起朝夕相處不過就是短短十幾年。就在這短短的歲月中，日常再也平凡不過的喚孩子起床、幫孩子洗澡、在餐桌上吃飯、打掃、玩遊戲、接送上下學、開車、排隊買東西，講床邊故事等，就是和孩子互動的美好時刻，也是豐富情感連結的時候。

孩子並不需要我們二十四小時都看著，但親子互動過程中，父母能明白自己正在陪伴孩子的專注時刻，是非常重要的。若不想錯過孩子帶給我們生命中許多特別的時刻：出生時、第一次笑、第一次叫爸爸媽媽、第一次爬站走……等許多的第一次。若不想錯過能滋養幸福關係的時刻，那麼，就要開始活在「當下」這個時區，不是混雜著過去和未來。就在此刻，有意識地選擇自己的行為，讓孩子感受到父母專注當下，不分心地關心。

但是，保持人在、心也在當下，真不是一件容易的事。大多時刻，我們的腦袋像過動的猴子，總是在回憶過去，或者是在計畫未來之間，來回衝刺。我們的心思，不斷跑離此時此刻的當下，這樣不由自主的分心。怎麼辦呢？

就像運動選手，每天得花時間練習，身體的肌肉才能結實有力，以因應各式比賽和活動。專注當下的心，也是需要練習才會有力量，在分心漫遊時，帶自己回到當下。

以呼吸將自己帶回此時此刻

MBPS正念教養課程中，有一個正念練習：覺察呼吸，很簡單，但對增強心的力量，將注意力帶回此刻，卻很有幫助！怎麼說呢？

首先，你不會說昨天呼吸過了，今天就不需要吧？也不會想，有好多事做不完，明天再呼吸吧？「呼吸」就是在現在、當下發生！不像頭腦的想法、念頭，常常跑離「現在」，漫遊於過去、未來或執念中。當你覺察呼吸的瞬間，注意力可以離開頭腦的紛亂，很自然來到注意身體此刻一呼一吸的感覺。

呼吸之於我們就像錨之於船般，可以使一艘船，在茫茫大海定下位置。如果一艘船飄遠了，錨可以將它拉回來穩住。當心思散亂、心神不寧，無法專注當下時，可以透過這個錨——呼吸，溫柔順勢將注意力拉回到此時此刻，這正是覺察呼吸練習在做的事。

另外，「呼吸」是每個人出生就有的能力，不用花錢買，也很便利。任何時刻無論你在做什麼，它都在，都可以用覺察呼吸回到當下。呼吸是每個人最衷心的好朋友，不只維持著你的生命，也透出當下身心狀態的訊息，比如：緊張、焦慮時，呼吸較短快淺；自在放鬆時，呼吸較長慢深。透過覺察這個好朋友，可以了解自己的當下狀況，而能有意識地給予自己身與心最適切的關照。

再者許多研究也已證實，當人在壓力來襲時，透過專注呼吸，可以讓身體獲得更多的氧氣能量、活化並整合大腦、心更平靜清澄地看清楚問題，以便應付眼前的困難。在一次又一次的呼吸間，情緒壓力可以得到減緩與釋放，副交感神經系統會調節因交感神經系統的緊張反應，使得激發程度過高的生理反應回歸到較穩定狀態。這就像在大海航行碰到大風浪，頭腦中的各式念頭風暴如同海平面的風雨大浪，而覺察呼吸，把我們帶入依然平靜無波與清澄的大海深處。

讓我們一起透過覺察呼吸練習，專注地與自己的此刻同在，感受身心清澄、平靜與快樂！

當你隨著「聲音導引」練習幾次後，你可以依著下列覺察呼吸的提示，發展適合自己的各式自主練習。眼睛張開、微張或閉著，依安全和個人喜歡都可以。站著、坐著、躺著或行動中也都可以。開會前、開會時、回家前、等接小孩時、排隊結帳時、心情起伏很大時、無聊時……各種時刻都行，時間長短不拘，三至五分鐘，或更長時間都可。甚至即使時間不長，就是幾秒鐘的覺察幾次呼吸都很好。每一次的練習，透過有意識地覺察當下呼吸，都在增強心的力量——將注意力從游蕩中帶回此刻，讓心和身在一起，展開對當下幸福的感知。

正念練習③ 覺察呼吸練習（配合「聲音導引」練習效果更佳）

請掃描

「覺察呼吸練習」提示：

1. 人時時刻刻都在呼吸，因此我們不用學習怎麼呼吸，但我們可以練習如何集中注意力在呼吸上。我們總是在呼吸，卻從沒有注意過呼吸這件事。讓我們試試看，並且感受一下。無論你是站，坐，或正在做任何事，都邀請你停下來一會兒。
2. 準備好時，請將注意力放在當下一吸一呼的氣息進出，帶給身體的直接感受。包括：氣息的長短、大小、溫度、氣味、流動；某些身體部位明顯上揚、鼓脹、收縮、下沉等感受，而不是頭腦想的呼吸喔！
3. 不需要控制呼吸，就只是順著此刻呼吸的自然節奏，覺察這口呼吸是長是短，覺察這口呼吸是深或淺，試著覺知吸氣到滿時如何轉成呼氣，呼與吸如何交錯出現。
4. 過程中若察覺注意力跑掉時，請練習帶著溫柔、堅定、耐心、不評價自己好不好的態度，順著現在這個呼吸，將自己的注意力帶回覺察此刻的一呼一吸。每次呼吸都是新的開始。
5. 練習的尾端，試著將注意呼吸的注意力，拓展到全身。包括感覺呼吸帶給身體所有出現的感覺，如：感覺呼吸時腹部、胸部、肩膀變化，感受呼吸時時刻刻都在變化的過程，也試著隨順呼吸的變化，體驗每一個呼吸帶給自己身體的滋養和調節。

6. 結束時，恭喜自己找到時間給自己愛的行動——正念當下，覺察呼吸。

〔覺察呼吸練習〕反思

這個練習，你的身心體驗是什麼呢？

發現到注意力真的是很容易跑掉嗎？

練習結束後，身心品質是如何呢？感覺眼睛是否變得明亮？或是人變得更有精神？如果有，那是大腦被活化被修復、滋養、療癒的現象喔！

專注呼吸，對身心調節滋養的過程就像搖晃後的雪花球，因著靜置，裡頭的雪花慢慢沉澱，雪花球的景物變得清晰與明朗。

當我們把注意力放在呼吸，透過一次又一次專注覺察呼吸，就是「靜置」的過程，讓自己的身心回到平穩、清澄，可以在當下清晰覺察。

呼吸是我們一輩子的「好朋友」，只是很多時候我們會忘了它的存在。

幸福就是「現在」

為了不讓飄移的心，也飄移掉我們對當下幸福的感知，請善用這一輩子的好朋友「呼吸」，作為錨點，練習讓心回到當下。再把這個心的力量慢慢轉化，當自己和孩子在一起時，若覺察心跑走了，專注覺察呼吸，溫柔帶回自己，全然地和孩子在一起。

當我們能清醒感受當下時刻，能全身全心和孩子在一起，即使只有幾分鐘，比起心不在焉一小時，孩子感受的幸福感更多！

當然，每個家庭的文化不同，就在當下，依著你和孩子自然的節奏，好好享受你與孩子的相處。也許就是孩子用小手觸碰你臉頰時、睜大眼睛看著你手中的娃娃時、拍拍背喚醒孩子起床時、幫孩子洗澡溫柔撫觸每一吋肌膚時、在餐桌吃飯聊聊喜歡哪道菜或今天過得如何時、一起研究如何打掃時、感受孩子玩遊戲時的幽默一起笑一起玩、接送上下學的時刻；或是在開車時聊聊，一起排隊買東西，拉拉小手講床邊故事，睡前交心一起放鬆……等等「當下」時刻，讓每一天都能認識彼此多一點。

對的「時刻」，就是「現在」！

你可以於任何有需要的時刻、任何地點，花一些時間做覺察呼吸練習。在持續地專注

覺察呼吸練習中，體會心不在焉很常發生，如果覺察跑神了，可以一次又一次溫柔提醒，透過這個呼吸，順勢將自己的注意力帶回此刻，領略此刻呼吸所滋養的幸福。在做幾次或者是做了幾分鐘之後，覺察當下的呼吸，正滋潤著你的身體和心靈，再繼續做你正在做的事。

就在當下，慈愛你的身體

許多研究已證實，太強或長期壓力，對一個人身心健康的影響很大。但是，很多人卻常忽視壓力對自己身體、情緒、行為等影響，只重視表現、成績、成果、業績是否達標。我有許多機會到企業端分享如何透過正念與壓力相處，我常問一個問題：你覺得有壓力嗎？企業主管和大老闆第一時間的回答：「就去做該做的，哪有什麼壓力？」但是，當我問對方：「睡得好不好？」九成九的回答是：「不好！」許多人還長期得依賴安眠藥才能入睡。

頭腦會騙人，但身體很老實

因為想要完成、想要做好、想要被看見、想要有價值、想要成功，很多時候這些頭腦的「想要」，已完完全全主導你，也完完全全搶走了所有的注意力。於是，你所有的行動（身體）都在服務這個「想要」。對此，我有深刻的體會。

我從小就是一個很努力的人，會很努力完成該做的功課和任務。深怕做不好，所以常常會很用力地、花很長的時間、不休息地、一直做一直做，直到完成。開始正念練習後，有一天我覺察到，當我在電腦前敲打著鍵盤寫著文案時，我的雙肩緊繃聳起，腹部、大腿肌肉用力著，甚至會因憋氣而不時大口呼吸。在覺察的這一刻，突然覺得我的身體一直好辛苦，因著我的頭腦的想要，騙身體得那麼用力，其實，我只需要手指頭持續打著鍵盤，其他地方不需要那麼用力，也可以完成文案啊！

是的，當頭腦想要更完美地完成某事，而感到有壓力的時候，身體很聰明也很老實，會透過緊繃、頭脹、肩膀或脖子痛、胃不舒服，甚至是腰背痠痛等，通知主人自我調節以保持身心和諧與平衡。

但是，倘若對身體發出的訊息，主人習慣忽略不注意，而認為頭腦想完成的事情、任務和別人的評價和看法更為重要，更需要自己的注意；或是即便身體用更大的不舒服通知，主人也只想快速方式抹除、壓制身體的不舒服，如：吃大量止痛藥，就是讓身體不要有不舒服感，以便能繼續工作。長期下來，會發生什麼呢？以胃不舒服為例，一次次輕忽胃不舒服的小訊號，等到胃已漸漸失調，嚴重地喪失功能，出現大問題的胃病訊號，才來面對與處理……這樣，多可怕！

許多疾病的發生，都是從主人不在意、不注意地失去連結，慢慢累進成失調，最後才功能失常的。可是我們往往忽略身體的訊息，沒辦法和身體保持連結，只一味地跟著頭腦的想望，壓制著老實又聰明的身體。身體就如同數字1，頭腦的想望是數字0，如果沒有了這個1在前面，後面加多少0，真的都無用。

現在，當我面對寫文案的壓力時，我會刻意地將注意力朝向身體，和自己的身體當下連結一下，我就可以適時地調節聳起的肩，回到較舒適和平衡的身體姿勢，再持續工作。而且我發現當如此做時，我的心也跟著輕鬆，反而文思泉湧，工作效率更好呢！

有研究發現，身體的感受確實會無意識地影響心理體驗。比方說在洗熱水澡時會感受到心理上的「溫暖」；相反地，當人手放置在冰水中一陣子後，會對陌生人做出較冷酷的評價。培育正念地慈愛身體，是透過從身體給予「關照和溫暖」開始，協助釋放與調節身體中的壓力。身體和心靈是緊密結合且相互影響的，所以當你釋放身體的壓力也會緩解些心裡的壓力。

如果，父母能注意到身體的感覺，會發現很多時候和孩子在一起或進行教養時，生氣或煩躁並非全部都是因為孩子（別人）的行為造成的呢！有時候，是自己肚子餓、肩頸痛或疲累，所引起的身體不適感，進而擴散到當時與孩子相處時的情緒。

當我們能覺察身體，此刻心跳正在加快、頭頸區發熱、胃是否有空澀的感覺，肌肉哪邊正在緊張、哪些身體姿勢不舒服……那麼我們就能在當下照顧自己，做些調節，讓自己滿足、舒服些，而不讓這些身體的不適無意識地亂擴散。

我們的身體透露出了許多智慧，身體所感受到的感覺，是和健康、幸福感有重大關聯的。舉例來說，你在所愛的人面前身體會感到舒適；反之，當你生命歷程之中遭遇困難或是焦慮的時候，可能你的胃會糾結疼痛。

成為父母後，是否因著各式壓力，更加地要求身體緘默？在忙、茫、盲的生活中，是否不斷讓身體當成工具，要它完成許多工作，卻忘了與身體接觸，忘了如何聆聽它所說的話呢？

正念練習④⑤⑥ 身體掃描

學習傾聽身體，是需要培養及重新溫習的技能。藉由正念培育，重建與身體的連結，打開覺察自己的身體，就打開好好回應身體的機會，進而可以好好照顧與滋養自己——這個獨一無二的「1」（身體）。

讓我們一起透過「身體掃描」，刻意把專注力放回身體上。一次專注身體一個部位，從腳到頭，掃描身體每個區域到整體，以及每個剎那出現的所有感覺。就在當下，將覺察、善意和關愛帶到身體中，而不是只一直要它做這個、做那個，單純地和身體在一起，重新和身體建立連結並慈愛它！

身體掃描練習前的溫馨提醒

1. 身體掃描是連結我們身心的方式，過程中練習敏銳地覺察身體每一剎那的體驗，這和「想身體」如何是不一樣，不需要分析或操控身體，只是一部分一部分地去覺察身體當下出現的經驗。同時內心若是有情緒的感受出現時，也去覺察、認出。
2. 在掃描過程中有時候可能會碰到一些緊張或繃緊的區域，如果你能軟化它們，就這樣做，軟化不了，就順其自然，隨著身體感覺、感受，如漣漪擴散到它們需要去的方向。

3. 允許當下感受到的一切，不論是舒服的、或不舒服；喜歡的、或不喜歡。包容與接納現在身體所呈現的樣子。如其所是，與身體同在，不需要評斷或評價自己的身體，也不需要改變它，就帶著友善和關懷的態度，關注它、了解它、疼惜它。

4. 練習身體掃描時，很重要的是培育對身體所經歷的事保持清醒和好奇。但是，如果練習中，不小心睡著，不需要責罵自己，就讓身體休息休息。有機會再找個時間，試著清醒練習就好。

5. 掃描練習中，也許會發現自己很容易分心。心會被各式問題、想法帶走，注意力無法集中掃描。沒關係，這很正常，當你發現注意力跑走了，請帶著一個意願，順著此刻呼吸，堅定溫柔地將心帶回來此刻——正在覺察掃描的身體部位。

6. 身體掃描可以躺在床上或者是瑜伽墊上來練習，如果不方便躺下的話，也可以坐在椅子上或是站著。練習時，請找一個不會有人干擾的時間與空間，在練習中，邀請你盡量維持清醒，盡可能跟著指示練習，覺察身體每一個當下所有的經驗。OK，接下來就開始進行身體掃描練習嘍！

- 建議做【正念練習4】45分鐘的版本（請掃描45分鐘版聲音導引QR Code），如果時間沒那麼充裕，【正念練習5】30分鐘（請掃描30分鐘版聲音導引QR Code）、【正念練習6】15分鐘版本也OK（請掃描15分鐘版聲音導引QR Code），可以依需要選擇練習喔！

請掃描

45分鐘版

30分鐘版

15分鐘版

身體掃描練習提示：

1. 找到安靜不被打擾的空間，在舒適的地方平躺，注意保暖。
2. 你可以選擇張開眼睛練習，也可以輕輕地閉上眼睛，雙手自然平放身體的兩側，手心向上打開，雙腳平放。
3. 覺察此時此刻正躺著（或坐著、站著）的整個身體，身體和床墊、地墊（椅子、地板）接觸著，現在就放心地把自己全身的重量交託給床墊、地墊（椅子、大地）。
4. 一旦可以了，將專注力帶到呼吸，覺察躺著（或坐著、站著）的自然呼吸，乘著呼吸的波浪，感覺肚子同步升起與下沉。

5. 準備好，慢慢將注意力帶到左腳的腳趾頭，覺察左腳趾、趾縫與趾縫間目前呈現出來的所有感覺，是身體這個地方的直接感覺，不是用頭腦想的，當然沒有感覺也沒關係，沒有感覺也是一種感覺。

6. 接下來將專注力依序移往腳掌、腳跟、腳背、腳踝，往上覺察連結著腳踝的小腿、膝蓋、大腿、左臀，慢慢來，讓自己有足夠的時間深入感覺。

7. 任何時候若注意力跑離，就如同呼吸覺察練習一樣，在發現時，稍為看一下是什麼把你的注意力帶走，或一直占據心頭的是什麼，然後溫柔堅定地將注意力帶回呼吸，以及你正在掃描的身體部位。

8. 用這個方式，繼續一步一步，一個部位一個部位的稍停留一下掃描。接下來，順著從連結左臀的骨盆，往右腳的腳趾、腳掌、腳底、腳踝、小腿、膝、大腿到整個骨盆腔，不著急、溫柔地引領注意力慢慢往上，感覺腹腔、腰部、背部、胸腔、肩膀、兩條手臂、脖子和頭部，去知道此刻身體每個地方的覺受，並透過當下的呼吸帶進你的關懷。

9. 最後，感覺身體為一個整體，彼此是相連的，吸氣時感覺整個身體升起並擴張，呼

氣時下沉並收縮。隨著呼吸的進出，領受整個有機身體醒覺和相互連結。

10. 結束身體掃描時，謝謝自己找出時間，透過正念練習滋養自己。

〔身體掃描練習〕反思

這次的練習，你對身體哪個部分的感受最強烈呢？你有注意到哪些身體上的感覺嗎？有什麼樣的事讓你感到驚訝嗎？你身體的左半邊和右半邊的感覺一樣嗎？也許沒有什麼特別感覺，無論是什麼，都恭喜你願意花時間和身體聯繫。

我們每天靠身體去做所有事：像是走路、跑步、坐下、穿衣、進食，工作，如果是父母，當然還有「教養」。我們也很習慣把身體當工具，忽略它。也許你會說我有照顧它，我會找人按摩、上美容院洗頭來犒賞它。這，當然也不錯，會很舒服。然而，身體掃描是不用花錢、不用外求，是自己可以給身體啟動自我療癒和調節的方法。

那是一份心在當下，帶著善意和關懷，與自己身體的深度聯繫。透過這份聯繫，注意到身體的變化，找出什麼地方感覺著壓力和緊繃，那兒甚至藏著情緒，能幫助自己及時地照顧、調節自己的身體。例如，當你感覺緊繃的當下，就可以調節，可以放掉過多的緊繃。

許多人在練習身體掃描後，發現儲藏在肩頸、胸口、胃或背的身體疼痛，正反映著自己的緊張、焦慮、恐懼的情緒、念頭和傷痛的故事。也許利用簡短、特意撥出的空檔，關照一下身體，可有助於及早發現，那些可能出問題的區域。當你越來越熟悉自己會在哪些部位，以哪些方式累積壓力以後，就能開始提前關注這些區域。

身體是動態的有機體，不停地在變化著，每次身體掃描都不會一樣。持續練習，你會發現身體有著自己的智慧，身體能說出話語說不出的訊息。身為父母，當你更懂自己的身體訊息，更理解身體的需要，在教養孩子的時刻，你也更能讀懂孩子的身體語言，與孩子的身心連接。

給自己特別的時間，全然關懷自己，不被其他事和人牽絆。尤其是很習慣照顧別人、以別人為中心的人，更適合練習身體掃描，把全部的心放回自己身上。光是這麼做，就已經很有意義。

建議各位父母（任何人亦可），都能在每日找一個時間，聽著有聲練習，進行身體掃描，感覺自己在身體掃描前和掃描後，有什麼差異？完成後，不馬上起身，花幾秒鐘留意身體的變化（或沒有變化），也或者看看有哪些是慢慢在起作用、在變化的。接下來，記得輕柔地喚醒身體。你可以任意動一動你的腳趾和手指，如果你的眼睛是閉著的話，記得打開你的眼睛，慢慢坐起來，並把你的注意力放到周遭的環境。

最後請感謝自己花時間照顧和滋養你的身體，覺察到你正在練習一種自我關懷，然後把練習的品質：「就在當下・慈愛身體」帶到生活中。

熟悉練習後，當然，也可以在生活中的各個時刻自主展開覺察。你可以在哪裡練習覺察你的身體呢？

在煮飯前、你準備要運動前、你要和孩子說話前、在睡前、一天開始的起床時……任何你想要的時刻！

身體掃描時，你可能感受不到身體有什麼明顯感覺？

我們一般會有三種類型的覺受，愉悅的、不愉悅的和中性的。練習時，有感覺很好，沒有感覺也是一種感覺。只要清楚此刻當下就可以了。也許下次練習又有不同感受出現，就如實知道就好。在我正念師資培育的歷程中，其中一位正念導師鮑伯・史鏵（Bob Stahl, Ph.D.）對練習的提醒，我很受用也很喜歡，在此也分享也大家：

當你更多深入練習後，你也許就會覺察到越來越多的微妙感覺，就好像你去海邊，剛開始只會聽見大大的波浪拍打聲，慢慢地過一會兒，開始可以分辨聲音較小、較細微的聲音。身體掃描也是這樣，當你深入練習，你會感受到更多、豐富的身體覺受。

——鮑伯·史鐸

身體掃描時，身體有不舒服感和疼痛出現怎麼辦？

可以隨順著一次又一次的呼吸，送入善意和關懷到感覺不舒服的地方，如果可以，也邀請你隨著一次又一次呼吸，探索一下疼痛和不舒服感的地方有沒有什麼變化。也許你會發現——沒錯，不舒服、疼痛在，但是我的呼吸也在、我的關懷也在。我的心可以平穩、不急著要改變或推開不舒服，而能感受它、了解它，帶著善意和這個不舒服在一起，並且照顧它。

當然，有需要時，你也可以試著微幅地移動一下，探索看看那會如何？重點是有覺察地移動，例如若腰不舒服，慢慢地屈膝，感覺腰不舒服的部分，在移動前、移動中、移動後有什麼變化？

當某個身體部位不舒服或疼痛感出現時，這個部位很容易自動反射地收緊，連動地使其他身體部位也跟著緊繃，整個身體就很不舒服。接下來，情緒可能很快地也對這裡的不舒服，升起生氣、焦慮、悲傷、困惑等情緒，再加上腦袋也忙著判斷或抗拒、甚至鎮壓……這所有加總起來，原來身體原點的不舒服漲大了，因為加上了好幾倍的「心苦」，當然更不舒服了。

很多時候，當我們願意帶著善意、關懷的覺察，去看看探索一下，你會找到較適切、如實、接納的方式，與當下不舒服的身體在一起。

做身體掃描練習時，睡著就沒效果？

在練習中，邀請你盡量維持清醒，透過一部分、一部分地全面開啟身體覺察，與自己當下的身心連結。但是若不小心睡著，請慈愛地允許它，這就是當下身心真實的狀態和需要，就好好休息一下，也是一個很重要的效果哩！過程中，如果又醒來聽到指導語時，就持續跟隨正在掃描的位置練習。當然，若你真的疲累不已，也許就選擇讓自己好好睡一會兒，再找個自己精神不錯的時間，試試醒覺練習的經驗。

練習身體掃描後，反而體驗到「我可以好好入睡」

不知道你睡得好嗎？很多人是深受沒辦法好好睡覺之苦，包括我自己。有一陣子壓力和荷爾蒙變化的關係，我很難入睡，也很難一夜好眠。醒來總是昏昏疲倦、難以專心思考、閱讀，影響工作和生活的品質。我發現睡前聽著音頻身體掃描，可以幫助我將東想西想、計畫不斷、一個畫面接著一個畫面到處奔忙的頭腦關機。

睡不著有很多的原因，如果你是和我一樣，躺整晚心裡不斷想過去所發生的事情或是擔心不明確的未來。你可以練習身體掃描來協助你。透過注意力在身體的當下，自然放開因著頭腦一直想如何如何而帶動的交感神經、腎上腺素活化造成生理的緊繃感。如此一來，身體自然容易進入需要放鬆狀態的睡眠時刻。正念培育找回我原本就會的能力——安穩入睡。你可以試試看喔！

享受身心連結的滋養

在生命的旅程中，每個人都住在自己身體裡，需要身體才活得下去。雖然，身體注定會壞損，若沒有適當的照料或長期不理會身體發出的訊息，身體會更快崩壞，出狀況也較難復原。所以不管從預防或療癒的角度，照顧身體是很重要的。

「身體掃描」是透過刻意的練習，規律且系統地聆聽、善待與關懷身體的每一部位，讓自己重拾與身體的親密及自信感。當能在覺察中與身體同在，即使你沒有做任何事情讓自己放鬆，也會因為更加了解身體的需要和不需要，了解壓力和焦慮如何影響，而使身體變得

較鬆柔。如實知悉身體的感受，對於照顧身體，處理壓力、焦慮和身體疼痛都很有用。

在動作與姿勢中聽見自己的心

很多朋友可能會說：面對壓力來襲，我靜不下來，我需要「動」才行，此時怎麼練習與身體同在呢？我要澄清一下，練習和身體同在不是只有安靜不動的方式。只要帶著「正念」，不管身體在做什麼動作或姿勢，過程中分分秒秒保持覺察，都是可以享受身心連結的滋養。

另外，生活中，本來靜態、動態就是身體一直會經歷的，況且身體都是在各式各樣的動作中，進行各種任務和工作。所以，如何在行動中，仍然保有對身體覺察和同在，也是照顧身體的重要能力。

在此介紹簡單又易執行的正念伸展，它是能提升對動態身體覺察能力的練習，又能讓忙碌或激動、靜不下，以及較少運動的父母有個適度給身體活動伸展的機會。

在進入這個練習前，想和大家聊聊如何看待這個練習及帶著什麼態度做練習。

正念伸展的練習，並不是要身體更加完美，也沒有絕對正確的動作。雖然因著練習也會增強身體的強健，但更多的是去感受並**練習用什麼態度和方式**，**能培育自己快樂**、**放鬆和自在**。主要是**過程的喜悅**、**投入**，才是重要的。它是一種**學習與探索的過程**，所以，練習中無論動作如何都很好，就是接納和開放覺察所有身與心升起的現象。

因此，伸展的強度或速度不是重點，重要是**覺察**。做動作時，可以刻意地放緩速度，也可以依需要，隨時暫停在任何自己想多探索的姿勢動作上，或回到一開始尚未伸展的原始基礎姿勢（站、躺或坐），以便有機會讓自己分分秒秒地探索此刻的身體。帶著**好奇**、**關愛**與自然呼吸搭配著，可以自由動一動探索並覺察身體在任何伸展動作下，可以拓展幅度或深度是什麼？探索多一些或少一些時，身體的彈性和協調是什麼？就是聆聽自己，依自己的需要，友善地、持續地回應身體，也知道自己現在是如何使用身體在運動著。

請留意，在做任何伸展動作時，你是身體的主人，你有全然的權柄可以照顧自己。也就是你得**負起照顧自己的責任**。有聲的指導語是依一般情況設計的練習，只是參考，有些朋友身體可能曾受過傷或有其他因素（生病、環境等），不太能做某些動作，這時請跳過或依環境、情況適度修改動作。

你，並不需要通過外在的身體姿勢是否達標來做練習，正念伸展鼓勵去感受身體內在的一致和協調。外在的姿勢是否好看並不重要，更重要的是在任何一個姿勢或運動中，感受內在的連接，也就是從內在知道身體的感受：伸直時如何？左右邊的變化如何？重點不是要把身體擺在什麼姿勢，而是在時刻動靜之間，感受身體的流動。

除此之外，留意在練習中，有沒有出現任何評價或比較（如：好差勁！居然彎不下來；以前我可以，現在怎麼退步……），或者自己的習慣（如：要求完美、很快放棄、高控制、一定要超越等等）。若發現自己出現這些，恭喜你，這是一個很好的機會，再次練習有意識地帶上自我接納、慈愛、好奇、嘗試、信任、傾聽自己、隨時調節、彈性與友善的意圖，持續當個科學家，來探索自己的身體、了解自己身體的界限，和自己當下的身體同在。

對於如何觀察與探索身體的界限，並與自己的身體限制相處，建議是：對身體展開舒適區、挑戰區與威脅區的覺察。舒適區是自己喜歡、很熟悉、很習慣及很容易的身體姿態。挑戰區是可以再多一些些幅度、深度、強度，但不危害身體安全之下，嘗試擴展和挑戰的身體姿態。而威脅區則是會造成身體傷害的身體姿態，通常會有刺痛和巨大緊繃感通知危險！

友善回應身體的動作與限制

身體是有機體，舒適、挑戰和威脅區域地圖是會變化的。相信你的身體，就像你的心臟知道怎樣跳動，身體也有自己的韻律，知道怎樣運動。正念伸展給你機會去聆聽身體和有效地回應，培養關愛，用友善和關注來回應身體的需求。總之，當你發現自己很緊繃、做某個動作會有疼痛感時，就是身體在告訴你這個動作現在不適合，請微幅調整或者跳過。而當你發現身體很用力且閉氣地做著某個姿勢時，可能就是身體進入了挑戰區，請試著透過呼吸，讓自己放鬆。透過持續的一吸一呼，感受也允許身體自然地調節與全面而微幅地擴展。

正念伸展練習邀請你，在「因為太過在意，而要求自己絕對不能、應該如何」和「不在意、管那麼多、忽視不管」的兩端之間，帶著好奇與關懷的意圖，和自己的身體限制一起工作。細心、耐心地探索，了解身體介於容易做到和非常勉強之間的界限。清楚覺察後，可依自己的情況微調、改變動作或放些軟墊，友善正念地伸展，滋養身體又不使它受傷。

最後，提醒你，只要用70％的努力來練習就好。就像樹的自然生長，樹根向大地植入，樹枝向天空伸展，人自然就會運動。你並不需要刻意用力好達到什麼，實際上，這樣的強求和高期待可能會帶來傷害。就是帶著好奇、嘗試、輕鬆地伸展與運動。做動作時，不需要用力的地方就別出力，比如：牙關不自覺緊咬時，就放鬆，容許肢體自然運動和變化，這樣會讓練習安全並有趣味。

除了臥式、立式的正念伸展練習，生活中很多時候常常要坐在椅子上（如：工作、長

途坐車、生病等），所以也為大家提供了坐在椅子上可練習的版本。請注意，這個練習坐的椅子，是要安全、穩定且不會滑動的。本書躺著和站著的大多動作，是參考了喬・卡巴金（Jon Kabat-Zinn）在《正念療癒力》書中的正念瑜伽動作。而坐式伸展則是參考正念瑜伽老師Eowyn Ahlstrom的動作，她也是一位正念減壓（MBSR）老師。

練習前你可以先看一下書本的姿勢和順序示意圖，這會幫助你有個具體圖像，心有個準備，接下來較容易跟隨著「聲音導引」練習。當然，當你熟悉三種練習之後，你可以依自己的時間、環境狀況，和生活型態做各式的調配。總之，就是練習帶著正念培育的意願，進行伸展和活動。

正念練習⑦ 正念臥式伸展

練習環境準備：

1. 請找一個不被打擾的時間與空間。
2. 準備一個瑜伽墊或不會滑動的地墊。
3. 穿著舒適的衣著。

❶ 選擇自己適合的臥式

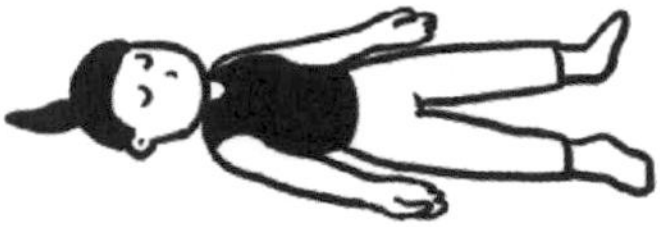

或

❷ 上半身伸展

全身伸展

❸ 屈膝抱腿，來回搖晃

④ 90 度雙腿伸直與彎曲

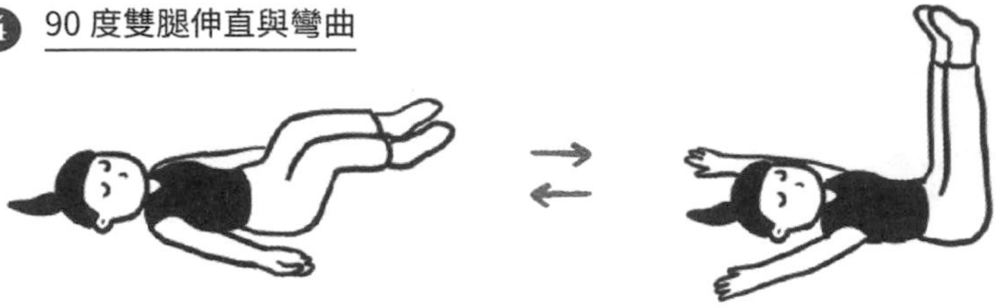

⑤ 屈膝抱腿，頭同時向膝蓋靠近

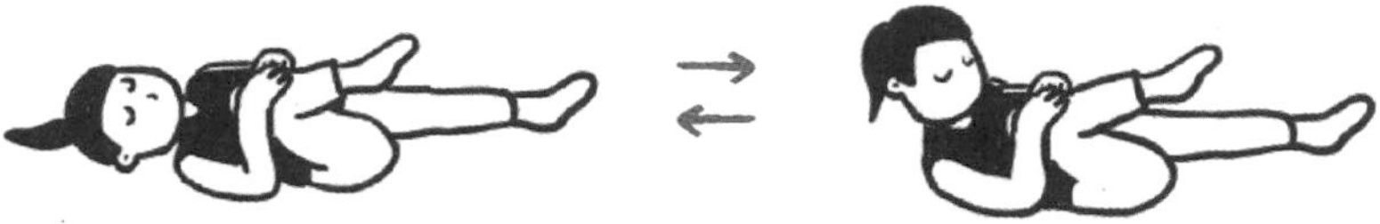

換邊

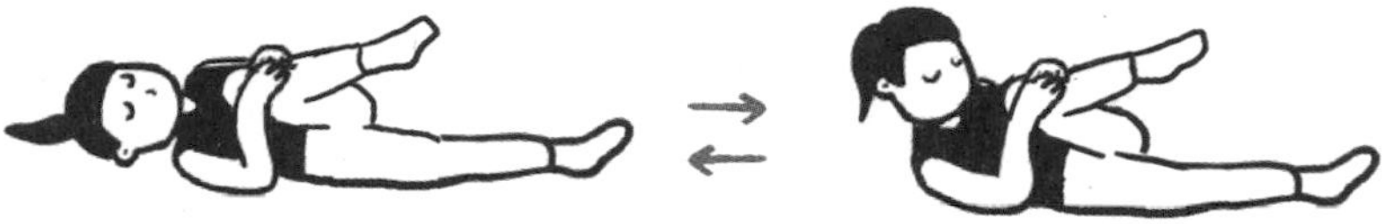

⑥ 貓牛式伸展

⑦ 嬰兒式伸展

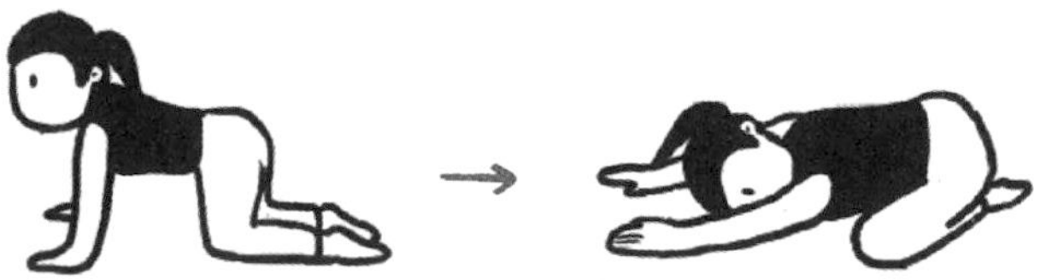

❽ 對角線伸展，一側完成後換另一側

❾ 嬰兒式休息

❿ 橋式抬臀

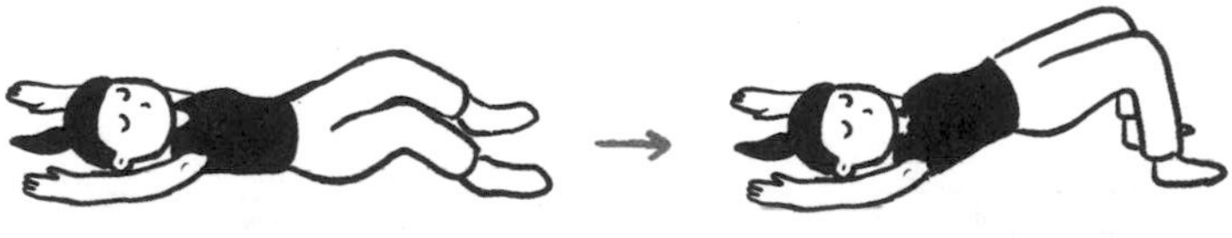

⓫ 身體扭轉（膝蓋倒向左右側）

⓬ 腿向上伸直後跨腿，雙腿輪流

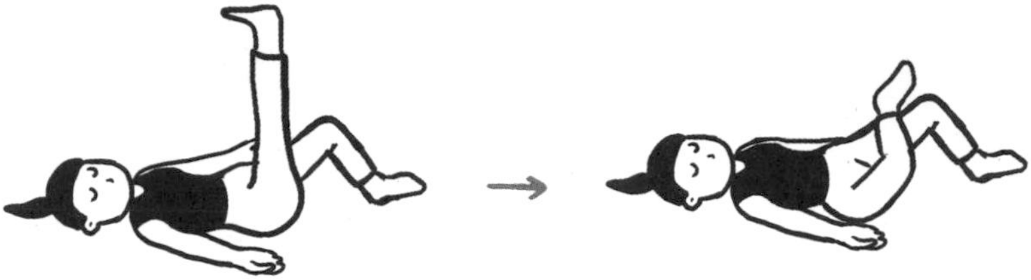

⓭ 側身抬腿，一側完成後換另一側

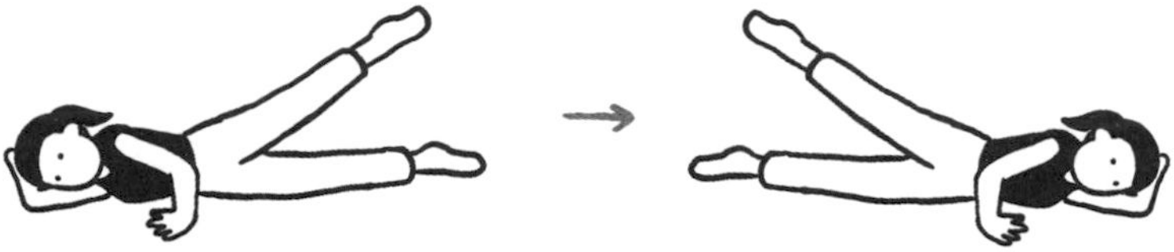

⓮ 全身伏臥，後抬腿，雙腿輪流

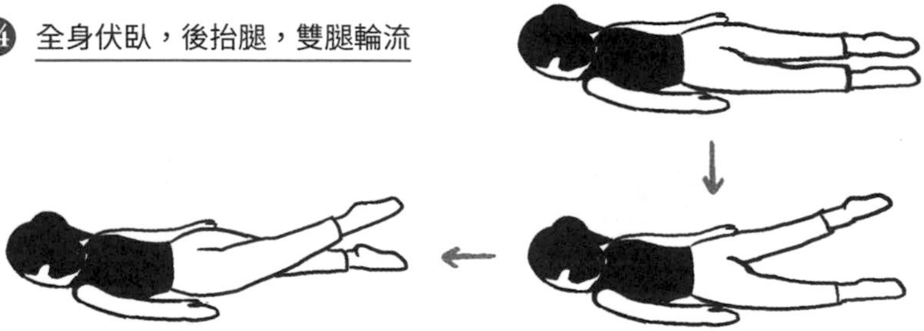

⓯ 全身伏臥，上半身向上抬起

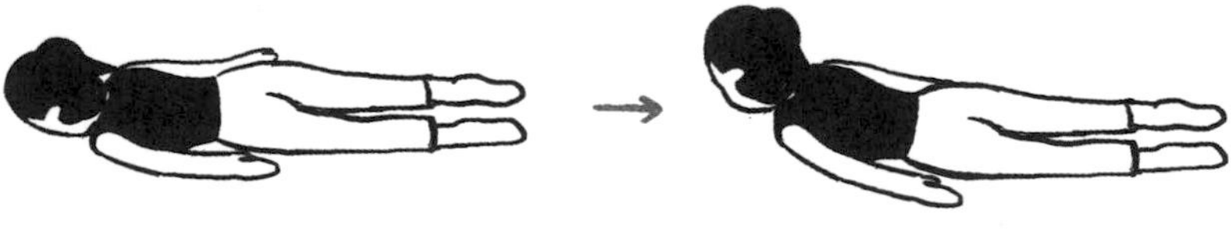

⑯ 眼鏡蛇伸展

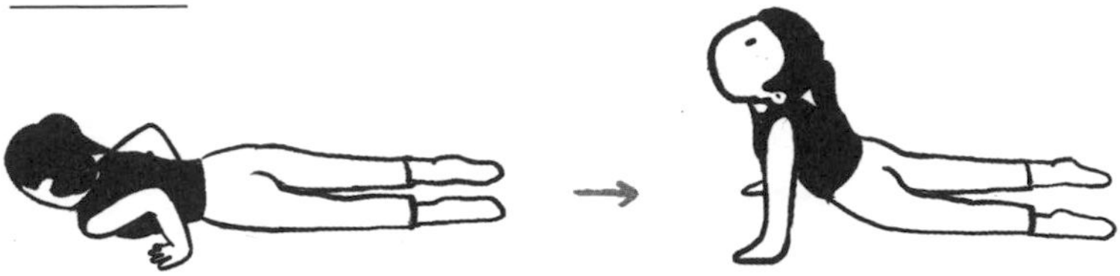

⑰ 屈膝抱腿，配合搖晃帶動上半身

⑱ 平躺呼吸

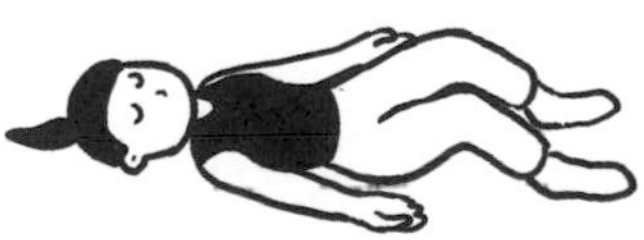

或

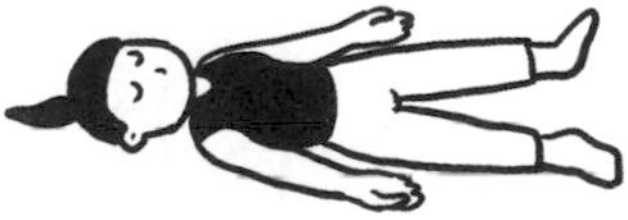

請掃描

※註：正念臥式伸展請搭配聲音導引來練習

正念練習 8

正念立式伸展

練習環境準備：

1. 請找一個不被打擾的時間與空間。
2. 準備一個瑜伽墊或不會滑動的地墊。
3. 穿著舒適、可伸展自由的衣著。

❶ 雙腳與肩同寬站立

❷ 雙臂向上伸展

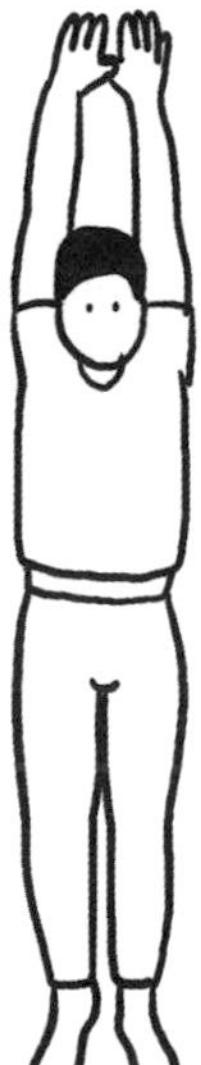

❸ 雙臂左右伸展

❹ 單臂向上伸展，兩側輪流

❺ 側腰拉伸，兩側輪流

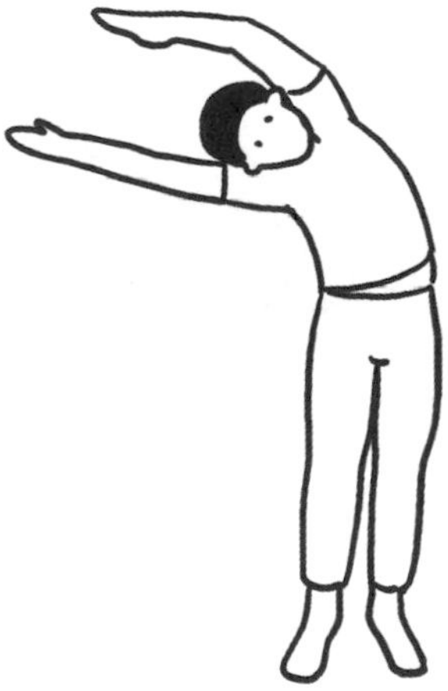

❻ 雙肩上提

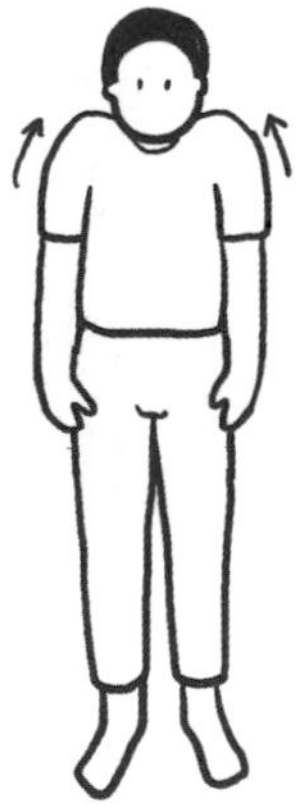

❼ 雙肩向下

❽ 雙肩向前（含胸）

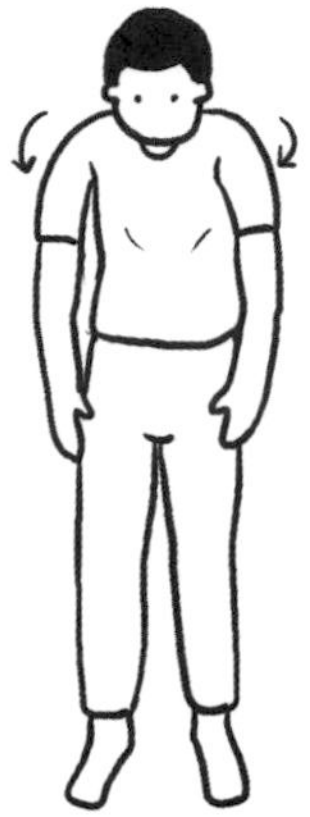

❾ 雙肩向後（擴胸）

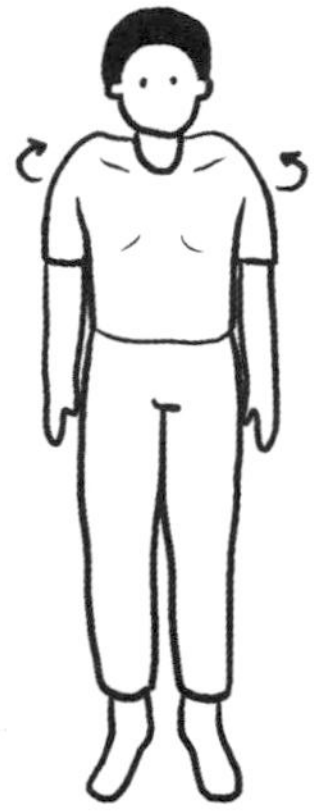

❿ 向下低頭

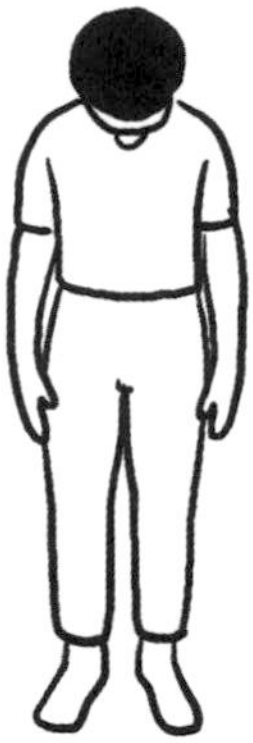

⓫ 向上抬頭

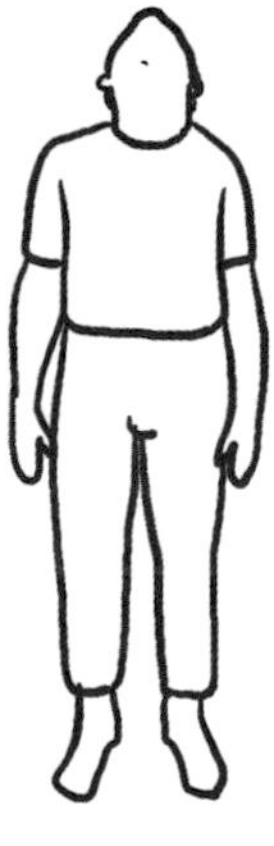

⓬ 頭倒向右側

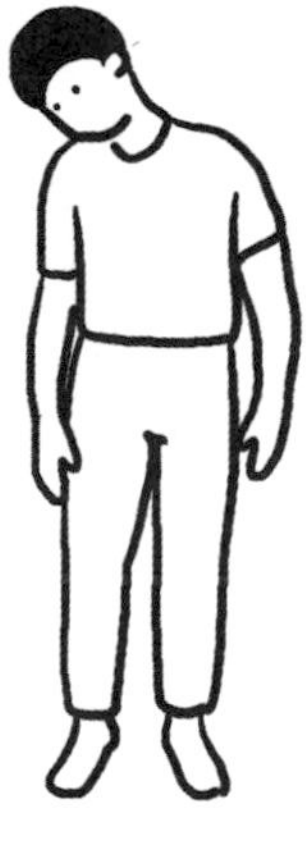

⓭ 頭倒向左側

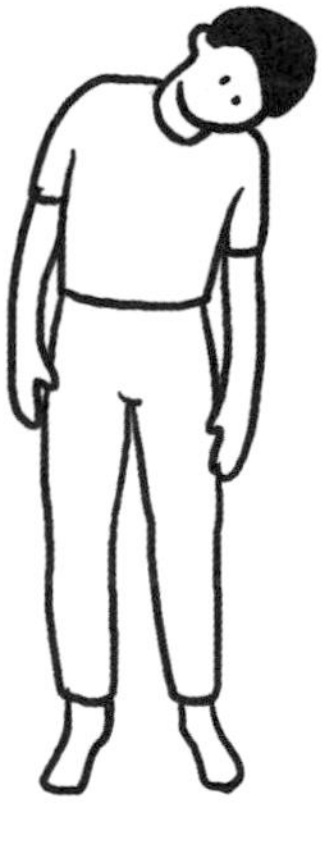

⓮ 單腳站立保持平衡，兩側輪流

⓯ 上半身扭轉，兩側輪流

⓰ 上半身加大扭轉幅度，兩側輪流

⓱ 上半身前彎

⓲ 抬起單手，兩側輪流

⓳ 深蹲，雙手向前平舉

⑳ 樹式，兩側輪流

㉑ 蝴蝶式停留

㉒ 單腿坐姿前彎，兩側輪流

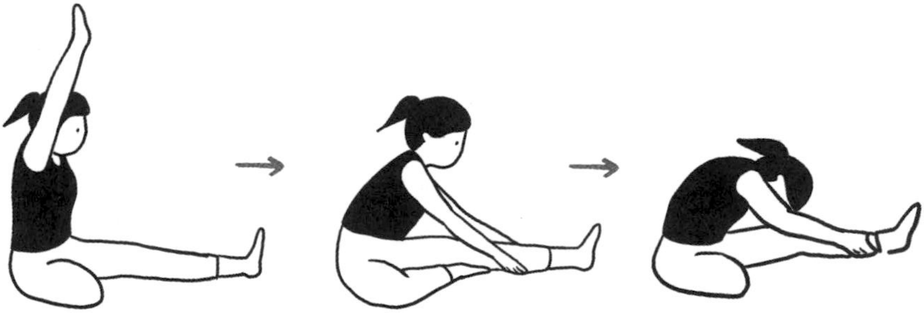

㉓ 平躺休息

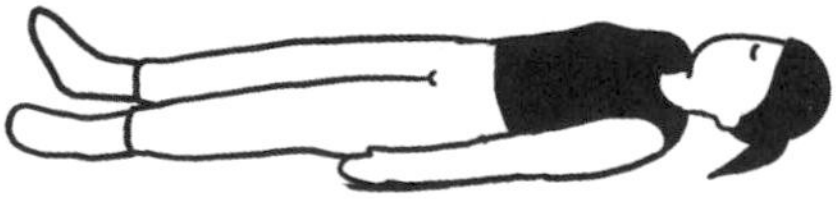

請掃描

※註：正念立式伸展請搭配聲音導引來練習

正念練習 9

正念坐式伸展

練習環境準備：

1. 請找一個不被打擾的時間與空間。
2. 準備安全和穩定，不會滑動的椅子。
3. 穿著舒適、可伸展自由的衣著。

❶ 雙腳平放踩地，雙手放大腿上

❷ 上半身向前彎曲，再慢慢回到坐立

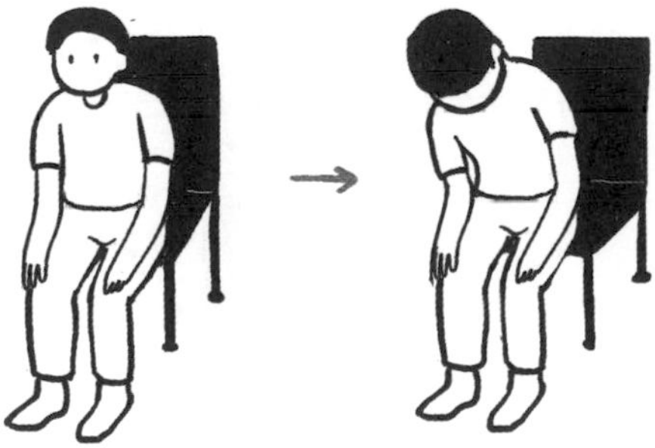

3 單手向前畫圈，兩側輪流

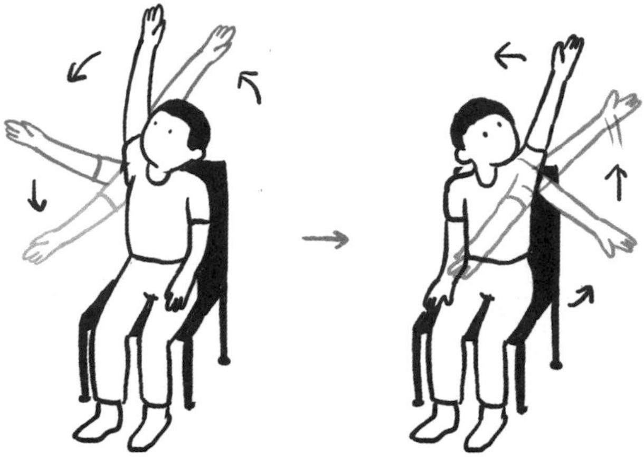

4 單手向後畫圈，兩側輪流

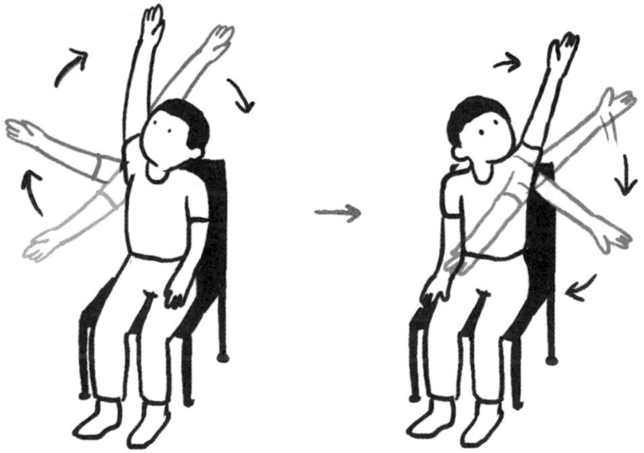

❺ 雙腳平放踩穩地板，上半身順時針方向繞圈，再換逆時計方向繞圈

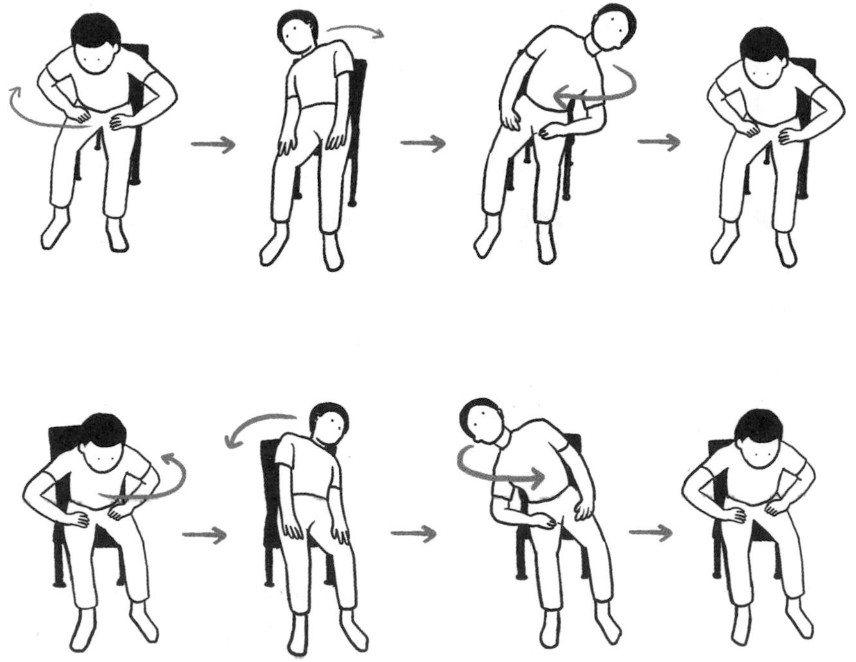

❻ 雙手抬起腿繞圈，兩側輪流

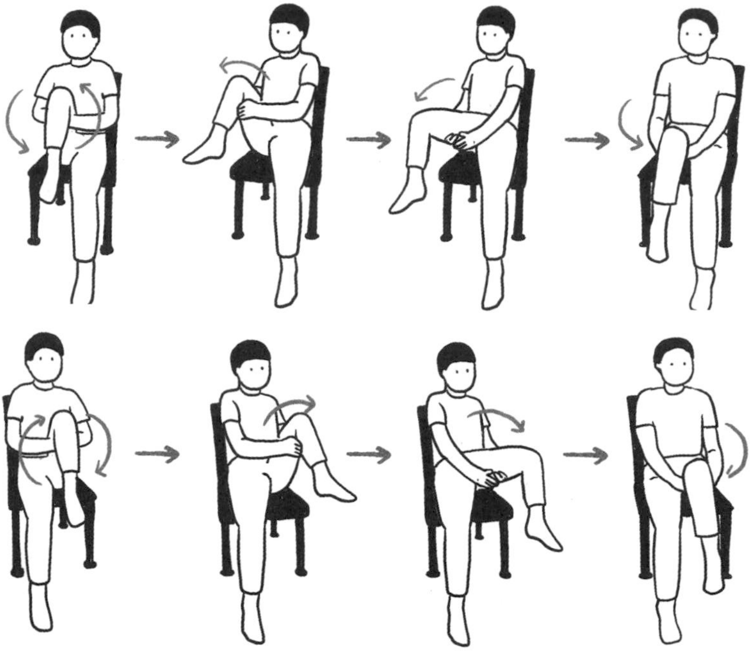

❼ 單腳伸直繞圈，兩側輪流

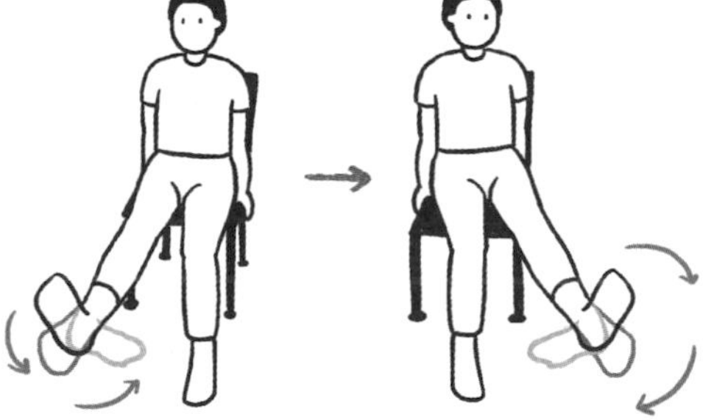

❽ 坐姿休息（如坐式圖 1）或蝴蝶式休息（如立式圖 21）

請掃描

※註：正念坐式伸展請搭配聲音導引來練習

〈正念伸展練習〉反思

以下是參加ＭＢＰＳ正念教養團體的父母，練習正念伸展的心得分享：

鬆掉憋氣，自然呼吸！

在練習時，我留意到自己常常憋著氣，尤其是想努力做到某個動作時。這讓我意識到，在生活中常常會突然大口呼吸，可能和這個習慣「憋氣努力」有關係，練習時被指導語提醒：保持自然呼吸。當我鬆掉憋氣，自然呼吸時，反而發現身體更容易做許多伸展呢！

尊重我的身體，不再造成身體的傷

對我來說，頭腦思考比較容易，很少花時間直接去感覺身體微細的變化，因為都差不多。但是，一次又一次試著放慢速度和打開覺察的伸展練習，我發現我可以感覺到，即便是一個細微的動作都會對身體肌肉、關節帶來些影響。這幫助我很大，因為我常常三不五時腰背拉傷。現在我做運動時，會在頭腦想要達到什麼姿勢，和自己當下的關節、肌肉之間，找到一個安全區間，留心並尊重每一次身體傳達的不同訊息做微調，因著這樣，我已經很久沒拉傷了。

只是伸展，就讓我的心跟著敞開

以前都不太注意自己的身體，當我帶著清楚的意識做雙手向外擴胸伸展時，我感到一股很舒暢的呼吸及心裡空間的舒展。原來身體一直被操，常累得習慣縮著。這樣倒塌、疊在一起的身體，也讓我心情很悶。我很感動我的身體只是做著展開的動作，就帶動心境也敞開。現在，生活中我學習尊敬身體，提醒自己打開注意力，感覺當下正在做的動作或姿勢對身體會有什麼影響，有意識選擇照顧身體的方式做事，我的心也會感覺到平靜。

看見我對自己的批評

雖然是身體伸展練習，我居然看見自己碰到困難的習慣反應和想法。怎麼說呢？我發現在做一些難度高的動作時，因為力量或柔軟度不足，我很快就覺得自己好差、心生煩躁想放棄。其實我只要不強迫自己一定要怎樣，就做自己可以的，或休息一下，好像就比較有動力持續練習，然後做出需要力量及柔軟的動作了。這讓我從心底了解，孩子也許和我一樣怕失敗、不喜歡表現不好的感覺，所以逃避彈琴。也許孩子需要學習的是：「彈不好很正常，沒關係，慢慢來！」就像我一樣。

做完了正念伸展練習，有什麼感觸嗎？任何身體覺得很用力、很緊張的感覺，或很開心、很放鬆？當你願意投入練習，相信也會有屬於你個人的經驗和發現。

再次提醒，正念伸展的練習，是練習收攝所有的注意力，回到自身當下，在當下經驗全然的自己，透過呼吸、伸展與身體感受找回內在力量，同時提升肢體協調性、平衡性以及增強肌力，幫助你更好管理自身的健康和幸福。

請記得，無論做什麼伸展練習，看得到的姿勢沒那麼重要，而要自我接納、關照、好奇地感受現在的身體、情緒和想法正發生什麼？不努力強求、耐心等這些看不到的態度，才是重點。每次練習時，帶上連接身與心的意願，將覺察帶入運動中，包括：靜止、各體式、運動中都是關注的焦點，都是可學習的機會。任何時刻，你都是身體的主人，你可以有撰擇，在立式伸展時有需要也可以坐著練，整個過程重要的是覺察與探索。練習中，若有強烈的感受、很難接受的情緒，就表示需要做一些友善的調整。假若需要，也可和朋友或找專業老師談談，甚至稍稍和這個困難保持一些距離。

每次練習都可能有隱藏的珍寶，在動靜之間、在動作轉換之間感受身體的流動，每個

時刻，全心全意地覺察自己的身體、呼吸與心靈。

總之，練習的目的是快樂自在、自由、覺察，不要成為另一個「工作壓力」。

將照顧身心融入生活

培育正念，好好地照顧自己這座花園，可以透過刻意地找個時間，聆聽正念有聲練習來進行，透過一次又一次各式的「刻意練習」，爸爸媽媽可以把正念的態度和精神融入每天的生活中滋養自己。

我喜歡正念地走路，就是沒有要去哪兒的單純走路。有時在大自然中、有時就在家中的客廳來回走著。走路的時候，覺察整個身體和呼吸，將注意力放在一步又一步腳踩踏大地的感覺，領受走路時身體重心的變化，覺察全身如何合作與移動。當我留意「心」飄離了正在移動的腳和身體時，就停下來察覺一下，是什麼把我帶離了當下？是什麼占據我的心頭？等我準備好，想再次行走時，再開始溫和地把注意力帶回到我正在行走的身體。

就這樣，好多次我深深被自己的身體感動，像是小小足底的面積，就撐住我全部的身體重量。還有腳趾、腳掌、腳弓、腳跟、腳踝、小腿、膝蓋……整個身體，時刻走路時都在運作著、都在微調著平衡。好多次我湧出深深的幸福感，很多人因著各種原因不方便行走，而我現在可以如此自由地行走，想去哪兒就去哪兒。真的，好感恩自己可以行走的身體。好多次心煩意亂時，正念的走路把我帶回當下，安住狂亂的心。

我的好朋友石世明，他是位臨床心理師，也是很棒的正念導師，出版許多正念相關書籍。目前著力於正念復原力、正念睡眠的研究和推廣。他提及他很喜歡正念跑步，每次跑步，就選一、兩個身體部位，跑步時就把專注力放在所選的地方，體驗所有感覺。感受呼吸、感受腳跟接觸地面的感覺、感受微風拂過脖子或吹過臉上的汗珠、留意跑步時手與腿的移動、衣著貼著身體的感覺……就這樣一圈變換一個焦點，持續感受身體其他部位或整體的感覺。他說正念跑步可以讓他跑上十幾圈，仍然感覺自然、快樂、輕鬆。我想這就是一種達到心流的狀態，大家可以嘗試看看。

把正念帶入任何活動，該活動就會轉化成正念練習。吃飯、喝水、泡咖啡、刷牙、上廁所、梳頭、洗碗、做家事、澆花、走路上下班、爬樓梯、搭公車或捷運、排隊等待、休息、滑手機、開門關門、聊天、工作、開車……都可以是練習專注當下、善待自己的好時機，只要你想！

你有責任好好照顧自己這座花園

身為父母，育養小孩的歲月有時候是很孤單的。尤其孩子還小的時候，若你又是全職媽媽（爸爸），幾乎整天待在家時，也就越來越少時間跟其他朋友相處。即便難得和老朋友或家人相處時，也可能覺得與別人的生活不同，有不被了解的距離感，或者和他們說起自己所遇到的問題和壓力時，發現他們並沒有真正聽到自己的憂慮，甚至他們說得更多，或是給一堆不是你需要的意見。即便你恰恰好有位信賴的朋友，對方也不太可能隨侍在側，聽你、陪你。而你的隊友伴侶，也因著各種個人、價值、工作等等因素，可能無法完全理解或幫助你面對的身心挑戰。

父母是一份給予的角色，為著孩子的需求忙上忙下，當你身心耗竭，很難能有品質地教養小孩。所以，你需要學習一種可以「自給自足」，讓自己充電的方法。而正念培育的練習不需要靠別人，只要你有意願，每天找一點時間練習，無論哪個練習，都可以開發自己的內在資源、補給自己。而每次每次的練習，你就會為自己在正念培育戶頭存下資糧。這份資糧會幫助你，在需要的時刻，保持平穩，有覺察地面對困難和挑戰。

培育正念滋養自己，就是替自己以及你和孩子之間，建立一個幸福的基石。

3

以正念照顧自己的情緒

說到情緒，快樂、開心、舒服等正向情緒出現時，一般都令人容易接受。而要正視令自己困擾的情緒，難度就高了。面對負向的情緒時，人通常容易選擇壓抑、否認，就像對待垃圾般，只想快快丟掉，或用上各種辦法去除它。

就像這位新手媽媽一直想除掉煩悶感、消滅自己不快樂的情緒：

「生完小孩之後，我就沒有上班了。日復一日育兒、做家事的生活，讓我很煩悶，很不快樂。最近孩子哭，我會煩到對嬰兒大吼。我實在是個很糟的媽媽，我不喜歡自己這樣，不喜歡煩悶讓自己很不快樂的感覺，怎樣才可以消除這種種不快感？」

生活中，我們會有許多感覺，有些是喜歡的、有些是不喜歡、有些是沒什麼特別的感覺。不喜歡不快樂、焦慮、煩悶的感覺很正常，但是千萬不要覺得出現不喜歡的感覺是不對、不好。所有感覺都沒有錯，它就是出現了，而所有的情緒都有它的功能，也是信差呢！

一般來說，我們有生氣、傷心、驚訝／興奮、厭惡／羞恥、恐懼、喜悅等六種基本情緒，分別會激發不同的本能行為反應，以及通知主人：我有某些需求出現啦！

生氣時，會令人亢奮，想做些採取自我防衛或攻擊的行動；傷心時，會想尋求支持、或縮回安全之地以自我照顧。它傳達著要照顧自己或引發別人照顧的需求。驚訝／興奮時，會出現集中注意力、好奇、探索的行為和需求；厭惡／羞恥時，會想躲藏起來、會自我隔離。恐懼時，會愣住、會嚇呆、會想逃離或反擊；喜悅時，會有想和人接觸、連結的行為。

也就是說，各式各樣的情緒出現時，是在發送此刻我們對外界刺激原所產生的反應，也傳遞自己當下的經驗與需求有關的訊息。這些訊息是提醒你對自己進行了解和溝通，也是促使你與社會互動的重要元素。

找到機會，我和這位新手媽媽分享：「你的煩悶、不開心也許是想提醒你：好好聽聽自己的心，壓抑了什麼？避開了什麼？」

因著這個提醒，於是，她和自己的不快樂做了對話。她發現不快樂要告訴她的訊息是：

- 不允許自己家事沒做好、不允許事情與自己的期待不同。
- 我很需要休息，我需要主動和先生討論一下如何分工。
- 自己很想做的事，卻沒時間做，也沒真的規劃去做。
- 雖然我沒工作，但是育兒和家務也是很有價值的角色。
- 太長時間在家中育兒，很久沒到大自然，晒晒太陽、運動一下。

是的，好好聆聽自己的心情，不要馬上推開、壓制它、罵它，它真的會娓娓道來屬於你內心的聲音。只要，你願意聆聽！

這位不快樂的朋友想說什麼？

老實說，情緒有時候是以一團不快樂的感覺出現，常常會讓人理不清，甚至令人不知所措。如果越不歡迎它，它就越一直不斷用力敲門想闖入，甚至越變越巨大與恐怖。

也許，就只是對當下「不快樂」的感覺，說聲「歡迎光臨」，好好招待一下這個「不快樂」的朋友，傾聽它想告訴自己最近身體、心理與環境發生什麼事？提醒自己真正想要的是什麼？想做的事是什麼？真正在乎的是什麼？不急著丟掉、拒絕不快樂，陪陪這個情緒朋友分類一下，也許，會發現被分類好的「情緒」，回收後，有著無與倫比的力量！

在忙碌生活中，身為父母的我們，可能因為工作一整天回家發現一整堆碗盤還沒洗、孩子功課沒做完、想要東西找不到、接到遠方的家人生病住院的消息、後悔和公婆說錯話……常常會面臨胸中某股情緒滿溢、快爆開的時刻。

這些還搞不清楚的情緒，若是加上「受夠了」、「太過分了」、「我沒辦法了」、「我要崩潰了」的念頭肆虐，常常會很容易傾向過度化，認為所有事情都很糟。而接下來的一切，似乎好像也都往很糟的方向移動了。

當我們深陷在覺得一團糟的狀態下，面對家人、孩子，是很難客觀地理解和尊重孩子的。當然此刻，也很難和孩子在教養互動中建立情感連結。為什麼呢？因為這時候我們容易有找出罪犯的過分激烈反應。這個深陷在覺得一團糟的狀態時，往往情緒化地攻擊對方、覺得都是對方的錯，心想對方不要這樣就好！於是引起一系列的彼此防衛相互攻擊。可是有時候心又很糾結，認為都是自己的錯，搞得孩子、家人也很罪惡感。生活中，也許就在這些分不清楚情緒的內容、和搞不清楚情緒要表達什麼的情況下，行為大暴走，親子間、家人間的關係，也就被點點滴滴地傷害了。

親愛的父母，當你覺察自己快被情緒的激流淹沒時，請暫時放下手邊的一切，給自己和情緒親近的機會。找個時間，你可以做做「情緒你好，歡迎光臨」的練習，好好以主人的姿態招待來到你面前的情緒，看看它、照顧它、理解它。

正念練習⑩ 情緒你好，歡迎光臨！（配合「聲音導引」練習效果更佳）

請掃描

1. 請找個安靜不被打擾的空間獨處一下，停下一切作為，可以讓自己坐著或站著，任何醒著的姿勢都可以。穩定好了，感受自己的呼吸，讓自己深吸和緩吐三次，也就是三次完整的深呼吸。

2. 覺察一下此刻的自己，包括：身體的、心理的和內在的一切。知道自己的身體正在發生了什麼？比如是否有任何地方有緊繃、灼熱、重壓等等感覺，知道此刻徘徊在心裡的感覺或念頭，如實地知道就好，不需要分析和評斷它。

3. 將自己的注意力再次帶回感受呼吸，就是感受自己此刻自然的呼吸。大約2～3分鐘專注覺察自己的呼吸。準備好，接下來試著將自己的注意力轉向到明顯出現的情緒，也許一個、也許好多個都沒關係。帶著一個意願，允許此刻出現的心情探頭出來，同時也允許自己在感受到安全的情況下，歡迎情緒光臨。（如果，此時覺得不安全，也可以請情緒改天再拜訪，持續保持和自己的呼吸同在就好。）

4. 邀請你，想像自己是一個大大的天空，可以接納、涵容所有的氣象般，看著一個一個來訪的心情氣象，並讓自己對自己播報心情氣象。比如：「喔，憤怒你來了！」「擔心是你啊！」「你好，難過！」「喔，無聊，又是你啊！」

5. 如果狀態合適，從心裡端杯茶給想要多了解、或你覺得是主調的情緒。可以和它多聊聊，問問它來找你想說什麼？提醒你什麼？

6. 無論聽到什麼訊息或還不是很清楚它的訊息，都沒關係，保持自然呼吸，現在把注意力帶到身體，很快地掃描一下，這個心情和心情帶來的訊息，讓此刻身體的什麼地方有明顯的感受？比如：皺眉頭，咬牙，胸口發熱，呼吸變快不均勻，試著注意喉嚨，胸口和腹部的地方。如果有感覺到，注意力可稍稍停留在這個身體部位，再一次次吸氣，帶進你的善意和關懷，再一次次呼氣順勢放掉不需要的力氣或緊繃，然後覺察這個不舒服變強了、變弱了、或是持平。在這個過程，如果注意力跑走，就在下一個呼吸，順勢將注意力再帶回到身體的觀察點。

7. 當你準備好，注意力從身體的觀察點放掉，讓注意力回到此刻心裡的感受，就像看著天空的雲來來去去，看著心情就像一片片雲朵，來了、停留一會兒、飄走了。

8. 最後，將自己的注意力再帶回到此刻呼吸，吸氣，感覺整個身體微微地上揚向外膨脹。呼氣，感覺整個身體微微回縮和下沉。覺察此刻皮膚的感覺、此刻聽到的聲音，感覺整個身體是一個完整、相互連結的有機體。於此同時，請在心中感謝自己，願意當主人招待一下情緒訪客，並知道這對自己的身心健康都有幫助，也是一個愛自己的行動。結束後，回到當下，帶著仁慈繼續手邊的事。

〔情緒你好，歡迎光臨練習〕反思

就像你到餐廳光是看著圖文並茂的菜單，並不會讓你飽足和滋養。正念培育的練習需要身體力行去做做看，允許自己花些時間實際練習是很重要的。可能有些朋友會說，為什麼要那麼麻煩，還要招待情緒，總之就是忽視情緒，轉移注意力就好了。假若你是因為當下各種原因沒有能量處理情緒，先轉移注意力做些別的事，再回來看看自己的情緒在說什麼？這也很好，這是彈性的方法，並沒有逃開或壓抑。但是，若你只是藉著濫用酒精、藥物、狂吃、狂買、狂怪罪別人或自責等等麻痺自己，那就會傷害身心，也無法收到各種情緒想給你的禮物了。

我們每天都有不同的情緒來拜訪，面對每一種情緒，尤其是負面情緒，要像接待賓客一樣的對待它們，確實不容易。花點時間與訪客相處，不需過度投入情緒，也不用把任何一位情緒訪客看得太嚴重。只要與它一起待在當下，嘗試去接納情緒原來的樣子，放下任何要抓緊、推開、抗拒、逃避或壓制的念頭和行為，那麼，也許就會減少隨情緒起舞的可能性。

安頓失控的自己

父母不是鐵打的，身體會有累的時候。父母也不是聖人，面對每天四面八方「怪獸來襲」，像是：孩子亂丟玩具、食物吃得滿地都是、弄壞自己心愛的紀念品、生氣亂咬人。孩子在你開車時，在後座大吵大鬧；孩子很晚了還不睡覺，或是不吃我用心煮的飯、說謊、不知感謝、頂嘴、一直打斷我……碰到另一半是豬隊友，要他安撫孩子，反而粗暴地罵小孩時，還有期望落空時、被誤解時、被無視時、無力感時……難免也會有情緒瞬間飆升，行為失控的那一刻！

小芬在照顧剛出生的老二時，發現自己必須面對不斷出現的家務，兩歲半的老大也不斷擾人，自己連上個洗手間都沒時間。因為還有兼差，每個月都要記帳及做財務報表，難得趁孩子午睡有空檔可以處理，卻被睡一下就醒的孩子打斷。小芬內心突然湧出：「為什麼我沒有自己的時光？為什麼連短短二十分鐘都不給我？為什麼我總是得放棄自己的需要？」小芬在暴怒下重摔電腦，衝著孩子大罵。之後，心中又很懊惱和悲傷：「我其實在生孩子前，就知道得犧牲一些自我，但還是突然會有忿忿不平的心情，甚至對孩子出現敵意感而失控。」

成昱是公司的中階主管，除了要執行上頭交辦下來的任務，又要有效管理下屬，每日處理公司上上下下的各種事務，儘管忙得焦頭爛額，卻還是有滿滿的上不疼、下不愛的挫折感。回到家，看到國一兒子，躺著滑手機，只不過說了一句，兒子卻頂嘴說一堆。突然，一股被無視的剝削感被勾動，火山爆發，隨手拿了一旁空的衣架，就狠打下去，情緒瞬間飆升，行為失控。在這樣的情況下，除了孩子不舒服，自己也滿是委屈、罪惡、疏離感，很不好受。

還記得在第一章提到，在壓力之下，父母身心不舒適，面對孩子容易情緒化與衝動嗎？（見P. 25）。

其實情緒浪來，只有九十秒！

其實，不管是誰，當生氣情緒高漲時，身體常會感到頭漲、臉紅、脖子粗、咬牙切齒、喉嚨緊、肩硬、呼吸急促、胃揪在一起……此時，情緒很容易瞬間被引爆，而引發行為的失控。

然而，有個訊息你不能不知道：**憤怒流竄全身的感覺，這一切的過程只會維持九十秒！**

一直長期關注腦神經與精神疾病議題的美國神經學家吉兒・博爾特・泰勒（Jill Bolte Taylor），在三十六歲左右腦中風，經過八年努力復原，過程中對自己進行深度觀察和研究，了解到：「憤怒情緒只要一觸動，腦中釋放的化學混合物質就會洶湧通過全身，但化學成分只要九十秒，就會從血液中消失。」所以要是九十秒後，還怒氣未消，原因就出在：「我自己決定要讓這個過程留在我生命裡。」也就是我選擇讓這個腦迴路繼續運轉，如果不想緊抓著這個怒氣，我就讓這個反應通過，回到當下。

這提醒了我們：

1. 在這關鍵的九十秒，你的大腦和身體就是處於緊急事態中，很容易衝動。這時可以做的，就是有意識地讓自己停一下，在這九十秒的時間，好好在當下覺知並關照自己身心正在發生什麼，而不被不知不覺的本能反應帶著跑，進而做出失控的行為。
2. 對情緒高漲隨之而來的身體不適感，不需要壓制，或過度強化它或被它糾結住，就是帶著善意和它同在，關懷它。九十秒後，這些流到身體中，會讓身體有反應的化學物質，就會消融在身體裡。只要你不死抓著高漲的情緒。

但是，要幫自己的衝動踩煞車，停一下，不隨著處在緊急狀態下的大腦和身體任意自動交互反應，關懷自己，與自己臨在，不是很容易的事。這時候，找一個能幫助自己回到此時此刻、感覺當下的關注點，會幫助自己離開身心風暴的環狀強烈風雨雷暴區，而來到氣旋中心的風眼這個相對平靜的區域，和風暴在一起。

做深呼吸，注意力回到呼吸上；或者很快地掃描身體，覺察此刻身體的反應，都是幫助你回到當下很好的定錨點。除了這些，通常當我自己情緒波動很大時，我會試著留意一下自己的雙腳，感覺一下腳踏實地的穩定，讓自己定錨在當下，和自己呼吸一會，再很快地覺察來訪的情緒，並照顧此刻的身體，與自己同在。我把這個練習稱為情緒軟著陸。這個簡單、快速的練習，是我關鍵九十秒的好幫手。邀請你先聆聽正念練習11聲音導引做練習，等熟悉了，可以依下列提示在任何時候自己試試看喔！

正念練習 11 **情緒軟著陸**（配合「聲音導引」練習效果更佳）

請掃描

簡單四步驟：

1. **首先知足：**把自己的注意力帶到感覺此刻的雙腳。如：感覺一下雙腳扎實踩踏大地。
2. **再來調氣：**為自己做幾次深吸緩吐的呼吸覺察。

3. **情緒命名：**標記此刻的情緒。如：生氣來了。

4. **關懷身體：**透過簡單的自我撫觸，照顧與陪伴受苦的身體。

當然，要安頓失控的自己不是那麼容易，但是只要你有意願，願意在失控的困難時刻來臨時，給自己機會停一下，親近自己。慢慢地，你會對「失控」有更多的了解及和平相處的智慧。

除了快速救急的「情緒軟著陸」，「安頓失控妙方」的練習也提供你參考。

正念練習⑫ 安頓失控妙方

1. 當你覺得被壓垮或極度沮喪時，就在當下，伸出溫暖的手，慈愛地撫觸自己的胸口。對自己說：辛苦了，我知道很難受，沒關係、沒關係！
2. 覺察快要失控時，深呼吸，吸氣數到七，吐氣數到十，盡可能讓自己吐氣比吸氣長一些。若需要可以停下，讓自己喝口水，喝水時，感覺水如何入口，進入自己身體裡。

3. 若可以，離開一下失控的情境，給自己一個小空檔。做一下「情緒你好，歡迎光臨」的練習，和自己的憤怒、難過等情緒坐一會兒。不罵自己，也不說服自己不要生氣、不要難過，就如實看見當下的情緒，如實看見自己的失控。看見此刻對孩子超級火大、允許自己安靜地覺察憤怒，也許會發現，怒氣並非持續不間斷，而是起起落落。

4. 不餵養情緒。情緒需要你餵養才能存活。如果一再回想重述生氣的事情，負面的想法和情緒一個一個堆疊，心靈就不斷餵養怒氣。如果不餵牠們，牠們在飢腸轆轆之下，或許就會離開。雖然，無法阻止情緒出現，也無法強迫他離開，但是你可以不要去餵養牠們。

5. 安靜地和自己待一會兒，覺察一下此刻的身體、心情、念頭。可以快速掃描身體明顯不舒服的地方，也許同時間會浮現的其他感受，如：悲傷、失望、傷心、孤寂，或者來了許多有關自己不重要、不存在、不好的念頭。沒關係，若出現了，就注意它，也溫柔承認。整個過程請像慈愛的母親在安慰傷心的孩子般，和自己內在的孩子在一起。慢慢來，不急。

6. 當下試著注意自己的呼吸，試著感覺站穩的腳。一會兒時間後，感覺穩定多了，請內心問問自己：現在為什麼這麼生氣、難過？為什麼對孩子（家人）這麼不高興？孩子（家人）踩到我什麼地雷？過程請對所有感受與想法保持覺察，給它們空間出現。

7. 若想到孩提時的痛苦，請聆聽它，在接納自己這些未了結的傷心，也抬起頭展開覺察，看看這個傷心如何澆灌了對孩子（家人）的憤怒與失控。

8. 慈愛、溫柔、包容地感受所有出現的一切，並看見自己願意面對失控及練習安頓失控的勇氣。

9. 允許自己可以停一下，重整，休息一下，直到心情恢愎平靜為止，再重新開始接觸孩子（家人）。

老實說，孩子本來就沒必要按照我們的計畫走，因為這不是他們來到世上要做的事。身為父母難免會有生氣、不愉快的時候，而這些情緒是心裡頭一時的狀態，不需讓自己困在情緒裡，沒有一定要馬上表達、壓下，或者一定要做什麼。只是注意、知道情緒出現了，就有機會幫助自己在馬上反應前停一下。我們不會無憂無慮，永遠輕鬆地當父母，但可以學習並練習遇到令自己失控的狀況時暫停一下。不需要自我譴責，不需要批判任何出現的糟糕想法、念頭及出現在身體各處的感覺和緊張，因為這更會餵養失控。只需覺察，而心很微妙地也會慢慢平靜。

在失控瞬間培育正念的案例分享

幼兒的媽媽

我有個黏人又愛哭的孩子，常讓我生氣又煩躁。這個情緒雖然壓抑著，但不時會爆炸，對孩子口出惡言，然後孩子變得越愛哭。有天，當感覺煩躁又來時，我試著先深呼吸，不壓住，也不推開，也不衝動做什麼。我和自己相處一下，注意自己身體感覺，我發現自己：肩聳起、心灼熱、胸口壓迫感、胃揪在一起……然後看到生氣煩躁的後頭，居然跟著焦慮——我很著急，孩子的哭讓我覺得我做不好。這樣描述和承認自己的心情後，很神奇地，我就不會馬上生氣罵人。就只是看著自己身心出現的內容和變化，感覺到很焦慮，帶動了煩躁生氣，然後煩躁就變小些，慢慢不見了。我再回頭看孩子，就可以輕聲安慰，孩子不一會兒就安靜了下來。

小學二年級男孩的媽媽

有一次當我大吼孩子之後，我停下來察覺為什麼自己失控。我先照顧自己，走到廚房倒杯水，感覺喝水時，水從口中流進自己身體裡。緩和一下後，我看到自己固執的想法和對孩子會有不切實際的要求，比如：「桌子一定要保持清潔整齊」、「先寫完功課才可以休息……」其實我在孩提的時候也做不到啊！還有如果孩子說想先休息，再寫功課，為什麼不讓他試試呢？拉開距離之後，我看到自己的荒謬，真好笑！

想一想，你和孩子互動中是否有什麼特殊情況容易導致你進入失控的狀態？什麼情況會讓你感到恐懼、憤怒或傷心、羞恥？又是什麼把你推向失控邊緣呢？身為父母不僅需要在孩子鬧脾氣時，處於當下，也需要與自己的情緒處於當下，才能調節、代謝掉自己的失控情緒。記得！每個失控的時刻，都是培育正念的好時機！

試試看，在當你煩躁得快要失控時，可以花幾分鐘的時間專注於自己的身體和內心變化。你可以感受一下自己的心跳是否越來越快，是否像在敲擊胸口一樣呢？你可以感受一下你的呼吸，是不是越來越快而且越來越短呢？感受一下你的手臂以及脖子和背部的肌肉，是否變得越來越緊呢？並同時看看你的念頭，它們是擔心抑或是恐懼漫流於你的心中呢？你的下層腦是高度啟動的狀態嗎？

覺察的瞬間，你可以安靜地對自己說，我知道我的下層腦現在已經啟動了；我現在要休息一下，然後去一些地方走走，冷靜一會兒，試著深呼吸並看看這樣做是否會讓你的上層腦回來展開覺察。

「暫停一下」很重要，它讓你的上下腦重新合作，而不會只是被下層腦控制。我們無法阻止煩躁，也無法強迫它走開，但我們可以有選擇不去餵養煩躁。所以，當孩子哭鬧不休，感到快失控時，請停下來，與自己呼吸一會兒。覺察自己的呼吸，待呼吸變緩，看看來訪的情緒客人是誰，並為它命名，例如：這是煩躁，然後觀察一下這個煩躁。就像在車陣中，發現自己越來越焦躁，此刻，注意這個焦躁的感覺，看著這焦躁的感覺如何出現、停留、變化，它終究會消失無蹤。你會發現，原來煩躁不等於我，煩躁也不是我。它，只是一個出現的情緒，不需要過於融入煩躁而失控。

當你能如此安頓失控，孩子會從你身上學到：不管情緒多強烈，多不舒服，終究會過去。

不過度用力

專注會讓人有效率地完成事情，省下精力和時間。當你心神渙散、不夠專心，可能就會發生忘東忘西、同一件事需要重複好幾次，才能做好的情況。但是，太用力的專注，有時卻會過度耗能，而造成過度用力的反效果。

不知道大家有沒有這些經驗，例如睡不著時，越要自己睡著，反而更不容易入睡。考試時，越叫自己不可以粗心，反而就容易出錯。運動比賽求好心切，身體緊張失去彈性，用力做動作時，更易受傷。

當父母時，也是相同的，一直太用力專注，不但沒有成效，反而耗竭了自己，也阻斷了許多孩子的可能性。

當母親及臨床教養工作經驗讓我發現，爸媽太用力，常常是阻斷孩子學習自律的禍首。因為太用力「想要」，就容易發出太用力的教養訊息，比如：去寫功課不准玩，不准看電視，不准發呆，沒寫完不要吃飯出遊。這些反而讓孩子整顆心都用來對抗大人的「太用力」，無法把心用在「專注」了解自己拖拖拉拉的行為，影響到的是自己沒時間去做想做的事，或玩想玩的活動，睡覺時間也不夠等等結果。

幫助孩子學習自律的過程，重點不是父母用力地想要如何，而是孩子在經驗自己「我可以有選擇」的過程中，學習為自己負責任。也許父母只需不費力地發出一個單純的訊息：「只要在約好的睡覺時間前完成功課，如何安排爸爸媽媽都沒意見。」把研究如何在一定的時間內，完成必須做和想要做的事的責任，交給孩子，讓孩子在嘗試的過程中，慢慢學會選擇做一個當下自己做得到、心裡不會有負擔的決定。例如：選擇先完成該做的事，就能享受輕鬆地玩；或者選擇了先玩先享受，就得學習約定的時間到了就要收心做功課等，孩子就會自己想辦法，解自己的生活題，自律能力就會發芽。

你是在生存，還是生活？

在正念減壓（MBSR）師資培訓的修習過程，有一回的探詢時間，我被卡巴金老師問的問題「**你是在生存，還是生活？**」大大地敲醒。

是的，一直以來，似乎自己內在有強大的聲音：「必須努力提升才不會被淘汰。」於是不斷在努力，深怕一旦「荒於嬉」，就會沒機會。焦慮、擔憂、忙碌，卻時而湧上空虛感，變成日子的主調。好像人在叢林般警覺生存著，很難休閒遊戲、豁達放鬆、自在享受當下的學習、工作和日常。「生存」的慣性，帶來了我的過度用力，現在我只想「回家」——回到我這個人的本質，相信自己已足夠好，不需要再完美，好好生活！

此刻正念導師鮑伯．史鐸的話語閃上我心：「你已足夠好，沒有比別人多，也沒有比別人少。」

我想光生活在這世上，就是很有價值的一件事，所以讓我邀請你來一起練習：「不過度用力生活」。

正念練習 13 不過度用力生活

當我們對身體如何應對日常事務有更多的覺察，如：打電腦的時候，切菜的時候，你會省下精力且更有效率。

試著在工作、學習、日常生活中，覺察一下此刻。你可以有意識地在自然吸氣時，覺察一下身體正在如何做當下的事。

呼氣時，放掉身體過多不需要的用力，尤其在肩頸處、臉部肌肉、牙關、腰椎處，或任何做當下的活動不需用到，身體卻會自動用力的部分。就是透過一次次吸氣，覺察身體。

一次次呼氣，放掉過多的力氣。

時時刻刻覺察太過用力或緊繃就微調，放掉過多的用力和緊繃。試著專注當下，你會發現自己也可以不費力地活動和生活。

當然，用力的習慣常常自動跑出來，我想到慈愛自己的方式，是在我的手機下載正念鐘聲，我讓它每十五分鐘響一下，當聽到鐘聲，就是正念的提醒。我會刻意停下來覺察一下身心，有無太多的緊張？如果覺察緊繃，就在當下調節一下。就像持續運動，強健自己的肌肉。這是我培育自己正念肌肉的方法哩！

當然，不過度用力生活這個練習也可以用在教養孩子的時候，當發現一直緊繃、用力地一直想要如何如何，彷彿放了百分之二百的力氣，就想要解決除掉某個問題時，邀請你停下來，呼吸一下。

吸氣，覺察一下是否整個臉部肌肉、肩都在緊繃狀態，若是也許就在當下，透過下一口呼氣，放掉過多的用力。

吸氣，覺察！

呼氣，放掉！

微笑放鬆一下，也許就不會因太用力，不自覺眼睛兇兇地瞪著孩子。當關係緩和了，孩子感到安心自在，也比較能一起和孩子看清楚問題是什麼，一起討論孩子打算怎麼解決問題。

當然，親子間也不用過度努力地要「一直保持融洽」，或必須時時刻刻地聆聽和回應孩子的經驗，達到那種「無塵式」的照顧。因為時時刻刻、無塵式照顧和注意，對孩子的生活（身心）免疫力提升也不是好事。過度關注孩子，會帶給孩子壓力與困擾。所以，適度的留白及讓孩子知道，爸爸媽媽不方便及時回應或有困難，也是很重要的。

練習輕鬆地專注當父母，會幫助爸媽的心理保有空間，敏感注意到孩子需要連結，也需要獨處的時刻，不會一直太過用力地給予教導，給予意見，給予過多保護，而能尊重孩子，時而像鐘擺擺盪「連結——分離獨處——再連結」的需求節奏。看見和允許孩子那種很自然、同時存在的連結和獨立分離的需求。

祝福你能從生活中練習輕鬆專注，就像相機可以自由輕鬆地調控焦距，可以注意到焦點物，也可以看見焦點背後的風景變化般的，觀察前景、背景和全景。保持覺察自己當下身心感覺，若緊繃太多，提醒自己放鬆，放掉過多的力氣，用剛好的精力就好。

在教養的情境和親子關係中，這個不用力生活的態度也能幫助你轉化，注意到是否自己一直用「大人的」辦法、依「大人的」速度，太用力關注自己的生氣和焦慮，太用力認定孩子不上進、不負責。若是，深呼吸一下，輕鬆地專注，展開覺察，看看孩子發生什麼事？進入孩子的內心，想想對孩子最重要的事是什麼？引領孩子用自己的辦法，解自己的題。

像慈母一樣的疼惜自己

很多人對自己是很嚴苛的，他們把溫柔給別人，卻吝於給自己！

我常常在親職講座或工作坊時，問參加的爸爸、媽媽們：「當你看見一位跌倒受傷的小朋友正在哭泣，你會做什麼？」答案清一色是扶起孩子，給予關心、安撫。我又再問：「如果你的好朋友傷心地和你訴苦，你會做什麼？」沒錯，答案幾乎傾向是聽聽朋友的苦痛、安慰他，問問對方自己可以幫什麼忙等等。可是，當我又問：「在教養過程中，如果碰到挫折（如：孩子不聽勸；手足一直吵不休等等）很難過時，你會對自己做什麼？」居然常常超過一半的人，會認為自己不夠好、很笨，所以搞不定。

我們可以很自然地關心受苦的幼童、朋友，但對象只要換成自己，竟然就不是那麼友善。在自己發生失誤、挫敗低潮，這個生命中本該需要支持與慈愛自己的時刻，卻極盡地挑剔自己。

即使身為父母也渴望被疼惜、被愛

如華就是這樣，因為先生抱怨她神經質，讓她壓力很大不想回家，還有青少年的兒子也常對她大吼，所以覺得自己做得不夠好、不幽默、反應不好……她自責又傷心。她的先生是中小企業老闆，每個月家裡都要辦好多場應酬宴。如華總是想，先生工作很忙、孩子也有很多學習任務，不要再要求他們，自己多做一點就好。她很努力把家理整理得一塵不染，也燒得一手好菜。而小孩從小對塵蟎過敏，所以只要客人走，就得再次整理、打掃、拖地、消毒。容不下一根小毛絮和一點小灰塵的她，每天都需要花很多時間維護。有一次，看到兒子的房間堆著一些積滿灰塵的東西，雖然孩子大了、不喜歡她沒經過同意就進房間，但是擔心塵蟎對兒子呼吸道不好，所以就順手清理打掃。孩子回家發現後，非常生氣地大罵：「白痴！」

聽完她描述，我回應她：「我感覺妳心裡頭有一位小女孩，一直很委屈地哭著，妳有聽見嗎？」

如華眼眶泛淚，開始說自己的故事：「爸爸在自己出生沒多久就生病臥床，媽媽要工作又要去醫院，無法照顧自己，於是被送到鄉下爺爺奶奶家。爺爺白天要到市場賣菜，奶奶也忙著做家事，他們年紀都很大，我要求自己乖巧不吵鬧，希望快快長大幫忙媽媽。從小我就會一直很小心地看著、想著還有什麼要做的，可以多做一些，只要自己夠堅強獨立，大人就可以少辛苦一些。其實我很想媽媽，常常半夜躲在棉被裡哭。」

在渴望愛和溫暖撫觸的幼童時期，卻得要硬生生壓下想念、不出聲。深怕自己沒做好，嚴苛要求自己不要造成大人麻煩。「不斷檢視自己哪裡還做得不夠」，似乎就這麼貫穿到現在，成了如華詮釋生活的樣貌。成長過程中，也許由於各種原因，大人沒辦法或沒有能力給小女孩及時的保護與安慰，這並不代表如華不需要，或沒有權利被疼惜。於是，我請親職團體中的成員都成為「母親」角色，請大家對「如華小女孩」說說話。

就在大家擁抱、拍拍和自發地說著一句句愛的語言：「辛苦了！」「謝謝你！」「抱歉，難為你了。」「沒關係，好好哭吧。」「沒做好也沒關係，別擔心！」在這樣的滋養下，如華看見，自己真的很少善待自己，很少提出自己的需要，讓別人了解。總是一直罵自己、要求自己，這樣先生、孩子怎麼會了解、尊重或感謝自己呢？

每一個人，內心都渴望被深深地疼惜和愛！即使是為人父母，這個給愛和照顧的角色也是。無論現實生活中，現在有沒有人可以善待你，你都可以成為疼惜和愛自己的人。我要澄清一下，這個疼惜和愛自己並不是自憐，也不是逃避、不面對問題。而是請你學習帶著理解和善意，關懷自己地去正視此刻自己的苦與難，允許自己不需要完美，給予自己安慰和鼓勵。

接下來，【正念練習12】自我疼惜１２３，透過具體的身體動作和自我對話，體驗自我關懷三要素的滋養、穩定自己。這個練習的發想，來自於二〇一九年我參與史蒂夫．西克曼博士（Steven D. Hickman, Psy.D.）的「正念自我關懷ＭＳＣ工作坊」（Mindfulness Self-Compassion）所體驗的練習。希望提供你面臨生活的辛苦時，可以疼惜善待自己地面對挑戰。

正念練習⑭ 自我疼惜１２３（配合「聲音導引」練習效果更佳）

請掃描

練習提示：

找到適合、不被打擾的時間和空間，無論坐、站、躺，只要安全都可以。

1. **臨在當下**——允許所有發生的，不抗拒也不推開：就在當下，交握雙手按捏一下，感覺此刻雙手交握時，手指、手掌、手心等皮膚的觸感、溫度等，及按捏時的雙手感覺。給自己三個深呼吸後，對自己說：「痛苦，我帶著溫柔來看看你。」
2. **打開連結**——感受你並不孤單，所有的人類都會在其人生中經驗苦痛：鬆掉交握的雙手，順勢展開雙臂，打開胸膛，在一呼一吸時，感受和天地、大自然的連接。並在心中對自己說：我和所有人一樣，都有脆弱和不完美，也在勇敢地經驗各式挑戰和辛苦。

3. **慈愛撫觸**——透過溫暖的語言和動作，像一位慈母般的撫觸自己：雙手交疊在心窩處，輕拍或輕撫自己，並對自己說：「沒關係、沒關係，我在！我在！」於此同時，祝願自己和同時在受苦的相關人，有足夠的勇氣去改變可以改變的，有足夠的平靜去接受無法改變的，有足夠的智慧去區分可以改變和無法改變的。

對自己溫柔，也會滋養孩子

也許有些人會擔心，疼惜、關懷、善待自己，會讓自己軟弱、放縱下來，但事實並非如此。從二〇〇九年克莉絲汀．聶夫（Kristin Neff）教授和哈佛心理學博士克里斯多弗．葛摩（Christopher Germer）聯合創始「正念自我關懷ＭＳＣ」至今，全球已有四百多項科學研究表明，學習自我關懷，對人的健康和幸福有很大的促進作用，包括改善心理和身體健康、改善社交及家庭關係。

在傷心痛苦時，將雙手放在心臟的位置，或是用雙臂摟住自己的愛的撫觸（善意的肢體動作），能夠立刻對身體和大腦造成影響，撫慰和啟動副交感神經系統，緩和壓力激素的分泌。二〇一一年新加坡大學商學院的 Kenneth Tai、Xue Zheng 和 Jayanth Narayanan 有個有趣的研究發現：觸摸毛茸茸的泰迪熊，可減輕社會排斥時的不適感和失落感，從而增加親社會行為呢！

也就是說，當你能疼惜關懷自己時，你會更有能力關照別人，也會增加個人覺察力、提升情緒彈性（耐挫力）和整體生活滿意度；並且也有助降低焦慮、抑鬱，以及壓力和心理創傷帶來的影響。

當你能臨在、覺察自己的掙扎，並在困難時刻疼惜關懷，友善和支持地對待自己時，事情就會開始發生變化。所以，儘管有內外在的不完美，你仍舊可以學會擁抱自己和生活，並為自己提供茁壯成長所需的力量。

現在就開始，從日常生活中開始疼惜善待自己。比如照顧自己的生理需要——例如保證自己獲得充足休息、營養和水分，以及社交互動。在自己挫折、傷心時，就像慈母對待小嬰兒一樣，給自己疼惜和關愛。帶著善意和關懷，聆聽自己眼淚想說的話、委屈想說的苦，耐心地疼惜自己正在受苦的身心。

當自己可以這麼對自己時，自然而然這份由內而生的智慧和能力，也會流進教養中，流進孩子的生命。因為你不會只在孩子可愛、好相處，得人疼的時候，看見他；更可以在孩子不好親近、有些麻煩來時，接受和疼惜關懷孩子，而這將會澈底滋養一個人。

親愛的爸媽，請將你的溫柔，留一份給自己吧！

和自己的想望與遺憾同在

身為父母養兒育女的過程，會經歷許多不愉悅的時刻，包括：孩子不可愛、過程很辛苦、受不了想抓狂等。而不愉悅的時刻，還有不得不放棄一些想望，及面對自己童年或過往遺憾的糾葛。

因孩子更見到自己童年的遺憾

老實說，當父母的歲月，要放棄的想望還真的不少，比如：在孩子幼兒時期，假日別想睡個長長的覺，吃飯時也別想好好安靜坐著吃飯，更別說要獨自看看書、寫寫作、畫個畫、自在逛街。總是時時刻刻留意孩子在哪裡、擔心狀況如何。那些需要花些時間的興趣嗜好、學習進修、工作升遷、生涯發展，或是和同伴夜唱、某些旅行的機會等，絕大多數需要放棄。而這些被放棄的想望，常常趁身心忙碌不堪時，悄悄地透過沮喪和抱怨出現：「就是因為要照顧你，我沒辦法去聚餐，你還吵！」「唉！孩子真麻煩，害我無法自由想去哪就去哪，真想把你塞回肚子裡！」「我好悲傷喔！我連要安靜地上個廁所都沒辦法。」……等等。

當父母的歲月，有些童年或過往遺憾，也可能讓自己的心，不知不覺地被抓著，以至於在教養孩子時，錯放焦點，看見的需要並不是當下孩子的，而是自己的遺憾，借孩子的身還魂了。

小學四年級雨桐和媽媽，常為了要不要練琴，不斷爭執。雨桐無耐又生氣地表示，不管自己怎麼和媽媽說，不想學琴，覺得彈琴好無聊，比較喜歡跳舞，想和好朋友一起學舞，媽媽總是打回票：「彈琴怎麼會無聊！我小時候想彈都沒機會。你有機會就是繼續學，不要吵！」雨桐覺得媽媽越霸道無情，自己就只有越擺爛！

孩子要不要學才藝？學哪種才藝？是不是也常出現在你家的場景呢？雨桐媽媽的焦點若仍固著地放在遺憾：小時候家境不允許、沒辦法學琴，渴望學琴的童年想望就會大大抓住媽媽的注意力。於是，不管孩子表達沒有興趣也沒有意願，就是一直用力說服，要求孩子學琴，不想聆聽當下孩子的心聲，也就沒辦法引領雨桐，開發自己的興趣，並為自己的學習負責。

小顗爸爸也被自己的童年想望影響，差點搞到夫妻離婚，直到看見他要照顧的，是自己童年的遺憾，才鬆掉那份「一直」。不管孩子要不要、喜不喜歡，他總是會買一堆又一堆的玩具給孩子，即便家中玩具已經囤滿到令太太快崩潰，還是忍不住一直買。甚至和孩子玩玩具的時候，小顗爸爸比孩子更激動、更在乎輸贏，常常玩到最後還會發脾氣：「陪你玩你還不珍惜，以前我哪有玩具，阿公哪會陪我玩！」夫妻也因此常常吵架，太太認為先生買的玩具都不是孩子需要的，玩的方式也不是孩子樂意的。

孩子是父母的「心」「肝」寶貝，很多時候不知不覺就將孩子視為自己的延伸，沒有區分地融為一體，要另一個生命體活成自己想要的樣子，或者要另一個生命體為自己決定的放棄負責。尤其是那些晦暗不明、不理會或被壓抑的想望和遺憾隱隱發動時，不知不覺的力道會更巨大。

真心邀請父母，給自己一些時間透過下面的反思問題，與自己的想望和遺憾同在。安靜下來，慈愛地接觸它，抱抱它，聆聽它。讓這些想望和遺憾能「化暗為明」，在你自己的生命體中重生。

正念練習⑮ 想望和遺憾的覺察與反思

請找到一個不被打擾的安靜空間，若需要也可以準備紙筆，書寫出反思問題的想法。

開始時，先靜靜地坐著，覺察自己此刻的呼吸一會兒。並在心中帶著一個意願：我想和我的想望和遺憾在一起，聽聽它要告訴我什麼！

準備好後，請反思接下來的問題：

1. 生育小孩前最喜歡做什麼？（比如：看書、和朋友約看電影、畫畫、彈琴、聽音樂等等。）
2. 現在單純為了樂趣和自在，會想做什麼呢？（比如：散步、瑜伽、打球等等。）
3. 現在做一點自己有熱忱和嗜好的事，真的、真的沒有一點空間和時間是事實嗎？
4. 現在最想要做的一件事，但卻一直尚未去行動的是什麼呢？寫下希望投入多少時間，最適合放入行事曆的哪裡，做這件事時誰可以幫你帶小孩，寫下其他有助於實現這個活動的細節。
5. 然後，鼓勵自己去做吧！

當我們能給自己的想望和遺憾一個空間，覺察它，反思它，你的內在會智慧地告訴你答案。當你越能用當下行動照顧自己——這個生命體的想望和遺憾，你的心肝寶貝——孩子，就會從中得到許多益處，至少你不會用自己的希望、期望和責任，不知不覺地吞噬掉孩子這個生命體。

看見並慈愛成長過程中的傷痕

蒙古戈壁沙漠的春天，一個遊牧家庭歡喜為駱駝群接生小駱駝。其中有隻母駱駝，經歷非常痛苦的難產流程，最後小駱駝終於誕生。然而，不管主人多麼努力，駱駝媽媽卻不願意哺乳，也拒絕給小駱駝任何關愛。就在大家陷入絕望時，一位彈奏馬頭琴的蒙古音樂家，用優美的旋律和著女人美妙歌聲與撫觸，感動了駱駝媽媽，淚水從駱駝媽媽眼中奪眶而出，音樂溶化了牠受傷的心，駱駝媽媽開始挪動千斤重的腳接近小駱駝，並溫和地讓小駱駝依偎在旁。

這是《駱駝駱駝不要哭》紀錄片。記得當時看完紀錄片，還在讀幼兒園的女兒就學著小駱駝依偎著我，我則緊緊地擁抱她。哺乳動物會用乳汁來哺育嬰兒是天性，但是就像駱駝媽媽一樣，當一個母親（父親）「拒絕、無法愛」自己的小孩時，背後一定都有故事。

那些負向記憶正在影響你的教養

婕妮看到長得和妹妹如出一轍的女兒，就莫名一肚子火，常沒來由地生氣、拒絕接近她的女兒。婕妮有個小一歲的妹妹，長得漂亮、大方，會彈琴、成績又好。相較自己又黑又矮小、嘴巴又不甜，婕妮在大人面前完全失色。而自從女兒出生後，奪走了先生、公婆、父母……眾人的眼光，再度劃開婕妮童年不被看見，覺得自己很差的傷痕。這個痛竟變身為吃女兒的醋，對女兒也特別冷淡。

文皓不是不想和太太一起處理育兒事務，但面對抱怨的太太，總是無法控制地發火、貶損，或是無視的反應，這讓自己很是挫折。文皓的成長過程中，父親在他小學五年級就因病去世，媽媽很辛苦，要工作也要照顧弟弟妹妹。身為長子，國中時期他就開始打工幫忙，而媽媽也似乎把他當成「大人」，總是會和文皓訴說自己的辛苦、煩惱和需要。少年期的文皓常感到無能為力地想發怒，但又會嚴格要求自己忍耐。不曾被好好傾聽內心渴望和需求，反而得一直吸收媽媽的抱怨的煩悶感，在婚後太太和他訴說孩子教養困擾時整個大爆發。

每位父母都有自己的童年歲月，在成長的漫長過程中，無可避免地會碰到些不舒服或痛苦的事件。而在自己不知道如何處理，或是感到無助、脆弱、孤單，甚至是需要連結、愛、被理解、被擁抱的時刻，卻經驗到身旁沒有適當的大人可以依靠、可以幫助自己調節事件帶來的痛苦與情緒時，人們常常會為了保護自己，關掉感受與感覺持續過日子，任傷口結疤。

美國疾病管制與預防中心（CDC）在一九九五年～一九九七年就針對超過一萬七千名成年人，進行「童年逆境經驗」的研究（Adverse Childhood Experiences, 簡稱ACEs），發現有近三分之二的參與者，在十種童年逆境經驗（包括肢體暴力、情緒暴力、情緒疏忽、身體疏忽、性侵害、家暴、父母離婚、父母有藥物酒癮問題、父母有心理疾病、以及父母有人去坐牢）中，至少有一種逆境的童年經驗。而每五個人中，就有一人有三種以上的逆境童年經驗。研究也發現，逆境童年經驗越多的人，在成年時期有著較高機率的身體與心理健康問題（關於各種ACEs相關研究，可以到美國疾病控制與預防局的ACE研究網站查看）。

很多人也就這麼帶著傷疤，成為了父母。這些成長過程，大大小小負面經驗的疤痕，即便不自覺，都會像大樹成長的年輪一樣被記憶著。還來不及消化就被壓抑或無視的傷痛，可能藏在莫名出現的不安、生氣、逃避、想哭的情緒、身體感受、想法中。而這些未梳理和意識化的傷痕，在類似場景再度出現時，會啟動敏感神經，激發你的身體和心中那個痛處，於是你馬上感覺劇烈的疼痛，然後以一種非常過度的方式做出反應。這些反應常常是快速且自動的侵入，並直接限制或破壞你與孩子（家人）連結的能力。

我記得女兒三歲的時候，出門時一定堅持要自己按電梯。三歲孩子正是主見發展期，凡事就是想要自己來、自己作主，我平常也就這麼享受女兒踮著腳尖，用短短的手指按電梯的服務。可是有一回，我忘了等她，快速地按了電梯鍵，女兒發脾氣、彆扭著不走並大叫：「我不要！我要自己按電梯！」那刻，我居然下意識地非常用力拉她進電梯，不管當時她多麼想再自己按一下而號啕大哭。老實說，我也被自己突如其來的怒氣嚇一跳，再看著孩子哭泣的臉龐，滿懷愧疚感，覺得自己怎麼那麼不體貼，居然兇孩子？孩子只不過想要自己再按一下，又花不了多少時間，為什麼這麼衝動、不給她機會呢？

待我回神過來，我知道那個總是壓抑內心情緒和需要，怕大人生氣、怕被人覺得麻煩的童年傷疤再次刺痛起來。就在看著女兒理直氣壯，大聲嚷嚷自己要什麼及不要什麼的瞬間，立馬出現「不」「可」「以」的聲音！嚴厲要求女兒要如小時候的自己一樣「閉嘴聽話」，粗暴地要女兒斷開當下想再按一下的需要與情緒。這個快速的拉扯行為，硬生生地切斷我和女兒當下的連結。

還記得在第一章提到威脅、危險訊號容易讓人的大腦當機嗎？當成長的負面經驗疤痕被觸發時，安全警鈴會大響，生理激化程度超出「身心容納之窗」（Window of Tolerance）可處理的範圍，大腦容易當機，將周遭許多紙老虎都視為是真老虎，讓人很快處在「戰」、「逃」或「僵」的壓力反應運作下。也就是雖然理性上已經脫離童年創傷環境，但是你的身體和下層情緒腦，卻以為還活在過去、活在創傷裡。

創傷知情

《創傷的智慧》（The Wisdom of Trauma）紀錄片中，有一段是創傷和成癮專家蓋博爾・馬泰（Gabor Mate）醫師與一群藥物成癮的女性的對談。其中一位女性提到她十六歲的時候被計程車司機綁架。馬泰醫師問：「警察是不是都在找妳？」她說：「沒有，因為媽媽以為我逃家，所以沒有報警。」不只失蹤沒有人找，小時候的她很常被爸爸毆打，媽媽也沒有任何作為。童年的她沒有人能夠傾訴，而媽媽的童年時也受虐，經歷過很多創傷，沒有能力保護她。

每個孩子在成長中，都渴望有份安全的依附關係。在這份關係中，感受來自父母（或重要他人）在難過時的了解、困頓時的包容、挫折時的安慰等。而孩子也會在這個與父母（或重要他人）的深深連結中，學習和自己連結，和自己的情緒成為朋友而非隔絕。

大多數父母也期盼自己可以勝任，並仔細、精準地回應孩子每一個需要。社會期待父母，也呼籲父母要成為「愛的製造機」。大眾認為父母是關愛、照顧、撫育的代名詞，是孩子依附的重要他人，並希望孩子能在與父母（重要他人）依附行為的交流中，建立最初始對世界、別人，甚至對自己是正向概念和價值感。但在這之前可曾想過，父母親也需要被關懷，需要被關注他們的創傷與掙扎。當父母能正視，並勇敢看看自己的傷痕如何影響自己，對創傷知情（Trauma-Informed），就是停止兩代間傳遞創傷的第一步。

即便我已是專業助人工作者，也是會一次又一次不小心地被童年經驗帶離當下。但也是一次又一次的對自己的創傷更了解，才不會深陷無知或自責愧疚，能清晰地找回「母親的眼光」。在當下，自在享受母女間的親密和進行適切的教養。

創傷知情（Trauma-Informed）不是什麼特殊的治療法，也不是高高在上的專業術語。創傷知情就是邀請我們用帶著理解的眼光，知道每一個人或多或少都經歷過創傷，知道在成長過程中都用了自己當時最可以的方式因應創傷，儘管有些方式是所謂的症狀或上癮行為，都是過去為了要存活、適應這個創傷，所做的努力而形成的生存機制。

創傷知情就是帶著正念覺察，不馬上批判自己的態度，好奇地看看在「症狀」或「問題行為」後是否躲著創傷，辨認出它，並嘗試善用創傷知識做回應而不是馬上立即的攻擊、逃跑或僵住的生存反應，有意識地採取慈愛自己和孩子（他人）的行動，減少與防止再次造成受創的情況出現。

如果，在當父母的時刻，你發現經常覺得煩躁、沒來由地想發怒、某些孩子的行為特別會勾動自己的不安緊張，除了孩子本身的情況可能需要被幫助之外，也許也有著我們自己的傷在其中攪和著。邀請你試著練習「好奇１２３」展開創傷知情的眼光對待自己和孩子。

正念練習16

好奇123

好奇１：好奇自己的煩躁和不安的情緒，並在當下照顧它。請參考【正念練習11】情緒軟著陸，來安頓失控的自己，讓自己調節一下，回到身心容忍窗戶內。

好奇２：試著在心裡好奇地問自己：「我發生了什麼事情……於是……」，而不是：「我有什麼毛病問題？」試著理解和探詢自己，看見自己過往的故事或創傷，正如何影響自己當下的激動。

好奇3：對你認為孩子出現的「問題行為」，展開「你發生了什麼？」的好奇探索，取代「你有什麼毛病？」的評價。

當我們能這樣「好奇123」，我們會對自己的創傷有更多的慈悲，也能對孩子提供更多支持與理解，避免創傷傳承一代又一代。

當然，假若你覺得實在沒辦法和創傷的激流保持些距離，清楚看見和探詢傷痕對當父母的影響，一點也沒問題。請你就先做【正念練習17】慈愛成長的傷痕練習，好好照顧、慈愛自己就好。就像搭機時安全手冊的指示——先給自己戴上氧氣罩，再為孩子戴。

正念練習⑰ 慈愛成長的傷痕（配合「聲音導引」練習效果更佳）

請掃描

1. 請找個舒服的姿勢坐好，慢慢平靜地深呼吸，透過一次次的呼吸放掉一些不需用的力氣，釋放些緊繃，也讓一次次的呼吸支持接下來的練習。
2. 邀請你留意一下是否有任何一絲恐懼和脆弱，希望被愛、期盼受到保護和安全在心中。
3. 請回想某個讓你感覺安心、像家一樣的地方（也許是房間、咖啡館、草原、教堂、寺廟等等）。可能真的有這個地方，也可能只存在你的想像中都沒問題。想著它的樣子、顏色、味道，盡可能用你所有的感官喚醒這個地方的感覺，就好像自己身歷其境一樣的在這個安全療癒的天地中，感受平和的能量在身邊。

4. 在成長的歲月中，一定有人曾給你一種愛與安全。接下來請在心中回想一下這個人。這個人可能是你的爺爺、奶奶或者是老師，也有可能是你養的狗狗，或是你最親密的朋友，當然也有可能是佛陀、觀音，或者是耶穌、心靈導師，不論出現的是誰，你都能感覺到他深知你的脆弱，也明白你渴望的安全。

5. 現在邀請你想像他的臉。若合適的話，請凝視他的雙眼，接受他對你的慈愛——「我就在你身邊」。接受他給你的愛與自在，讓他的能量圍繞你、護衛你，再也沒有任何一絲擔憂。

6. 請帶著這個支持，試著輕輕碰觸深藏心底的傷，這些傷也許是成長過程中曾經因被批評、被誤解、不被了解或者恐懼著如果做不好不被愛，刻在心底的不安、恐懼、脆弱。在此刻感受著被愛關照著和支持著，輕柔碰觸這份傷。

7. 現在，邀請你，看看「傷」此刻正以什麼樣的方式活在你體內，記憶在體內。如果適合的話，請試著感覺一下它在身體的哪個部位，是喉嚨、胸口、腹部或者其他部位？如果感受到它存在在身體某個地方，邀請你用自己的手輕輕撫觸這個部位，並由衷地對它說聲：「我在這裡」、「我陪著你」、「辛苦了」。

8. 領受「我就在你身邊」的慈愛，正透過你的手，傳遞給記憶和保存著不安、脆弱恐懼和辛苦的身體部位。

9. 合適的話，手可以輕輕放下，慢慢回到開始的坐姿，再次把注意力帶到此刻的呼吸，感覺一下吸氣呼氣，透過呼吸這份慈愛，滲透你的心，撫慰記憶在身體的成長傷痕。透過一次次吸氣，感覺呼吸深深地護衛著自己。一次次呼氣敞開心並感謝傷痕用它的方式保護了自己。吸氣吸進愛，呼氣送出感謝。

困難的時刻或困難的關係，通常教給我們的也很多，為人父母真的不是件簡單的事，有時得體現原本並不具備的特質。當父母需要耐心，但我們不見得隨時都有，尤其當我們心力交瘁的時候。當父母還需要勇氣，因為從起床開始可能都會面對很多事情，包括為了孩子要不要穿襪子而生氣，或者是忍受青少年擺臭臉，需要勇氣才能夠一步一腳印地冒險。

盡力就好，帶著創傷知情的眼光，寬容對待自己和孩子。更提醒你，請對自己仁慈，當覺察在創傷漩渦中快滅頂時，請記得你可以尋求幫忙，請知道你也需要幫忙，請務必找尋專業的資源幫助自己。

4

覺知
有毒的念頭
與習慣

念頭只是念頭不等於事實

在如何與壓力相處的課堂上，我放了三張圖片，第一張在灌木叢林中，一隻獅子追逐著斑馬；第二張斑馬奮力奔跑，衝過水流湍急的溪流；第三張只有斑馬在綠意盎然的草原吃著草。我請同學們看圖說故事，通常描述是：獅子想獵食斑馬，斑馬好不容易甩開獅子，來到草原後發現獅子沒跟上，然後自在享受眼前的美草食物。

接下來，我會請學生玩想像的遊戲，我請學生閉上眼，想像自己在來到課堂教室前，也被獅子追著，一路從出發地跑著。途中幾個時刻，差一點自己就被咬到，不過還是很安全地跑到了教室。然後，請大家張開眼分享此刻的身體感覺。九成以上的學生都感受到此刻自己的心跳加快、緊張。

過了一會兒，我再問：「現在腦中仍會想著自己剛剛逃脫的情景，想著待會下課會不會再碰到獅子，要如何自保的策略等等的人，請舉手！」將近七成以上的同學都舉手。我再問：「同樣面對威脅的壓力，斑馬和你有什麼相同和不同？」這個問題也同樣問問正在讀這本書的你，你的發現是？

精明的大腦・過度的壓力

腦力激盪後，同學分享這個發現，相同的部分是：為了存活，斑馬和我們都會用盡全身的力氣逃跑。到了安全之地，都需要一些時間，緩和緊張的身體。不相同的是：到了安全的地方，斑馬不一會兒就會自在享受當下眼前美味的草；而我們到了安全的教室，即使獅子不在眼前，餘悸猶存，腦袋還一直不斷思索有關獅子的種種可怕和危險。

碰到危險，自然會有身心壓力反應。恐懼會造成腎上腺素與皮質醇等壓力荷爾蒙的濃度急速上升，等你擊敗或躲過獅子後，血液中的壓力荷爾蒙濃度才會下降。在演化過程中，這些實用、極度短暫、可以救命的壓力荷爾蒙高濃度作用的身心狀態：呼吸急促、心跳加速、血液大量流到四肢等等，會讓身體獲得更多氧氣，四肢更有能量運行。身體也會為了活過眼前這一刻，暫時關閉所有不必要的作用（被獅子追的時候，沒時間消化、排卵、長高，或是把能量用在組織修復——那些是稍後才要做的事），以全力供給處理危險所需。也就是說壓力下的身心反應，是我們在努力面對生活中的要求和努力適應各式困難時都會經驗的正常身體和心理反應。但，當「壓力源」消失，身體會恢復常態。

史丹佛生物學家兼神經科學家羅伯特．薩波斯基（Robert Sapolsky）：「對一般哺乳動物來說，壓力是大草原上的三分鐘恐懼，三分鐘後壓力就消失了。也或者你已經被吃掉。」沒被吃掉的斑馬就是如此，逃到安全的草原，很快地就能繼續吃草。

而人類的大腦經過億萬年的演化，變得很聰明，會想像、計畫、反芻思考。這些讓人類和其他物種不同，可以發展各式文明，改善生活等等，但是，聰明的大腦，有時候卻是不太有幫助。就是雖然你已在安全之地，但大腦仍想著剛剛和獅子的恐怖或擔心未來再次碰到獅子的危險，這時就會啟動「危險問題迴路」，你仍然會有壓力的身心反應出現。

壓力是主觀的感覺，面對相同事件，不同人有不同反應，沒有對或錯之分，也沒辦法比較。例如迎接新生兒，看來是一件值得高興的事，但面對從只要顧好自己到成為照顧者，可能會因為擔心自己應付不了或做不好而感到壓力。麻煩的是我們常以為「念頭」就是「事實」，以為威脅一直都在，而身體持續地過度緊張。

你正在擔心的，很可能並不是事實

這就像很多時候你塞在車陣中、或是看著疫情新聞很憂心，你沒有生存危險，但你的

血壓可能飆高，原本只在救命時刻分泌的壓力荷爾蒙，在我們擔心極端氣候、擔心疫情、擔心要在眾人面前發言時，變成一直都在分泌。這個原本可以救命的短暫壓力，就變成慢性壓力與揮之不去的焦慮。羅伯特．薩波斯基在《為什麼斑馬不會得胃潰瘍》（*Why Zebras Don't Get Ulcers*）談及我們相較斑馬和原始人，明明衣食無憂、生活舒適，但是激烈的社會競爭卻帶給現代人巨大的心理壓力，從生物演化不可或缺的適應能力，變成現代人類特有的慢性壓力問題，以及連帶的高血壓、高血脂、動脈硬化、糖尿病、胃潰瘍、性功能衰退等疾病，而這些病症是斑馬和原始人類絕對沒有的。

也就是說當你思索不是當下正在發生壓力事件，反芻過去的事情、或未來可能會發生的事情、或也許根本不會發生的事情時，這些不是事實的心理想法會引發一連串焦慮、緊張，雖然，沒有獅子在你旁邊，但壓力荷爾蒙就會開始飆高，開啟壓力身心反應。當壓力變得太高而且持續太久，形成慢性壓力的時候就可能令身心長期無法放鬆，一直緊繃，一連串影響身心健康（請參閱第一章）。

這樣以為大腦想的都是事實，發生在親子間，就容易令親子關係緊張，教養行為失焦。「有一次我參加孩子幼兒園的同樂會，看著孩子因害羞沒舉手搶答，沒有拿到禮物。想到他這麼內向，不會為自己爭取表現機會，這樣的退縮膽怯肯定會讓他未來缺乏競爭力，以後在職場上怎麼生存？我就很急切地在旁催促，用力地推著孩子手臂要他回答，可是孩子卻越來越抗拒，甚至發起脾氣哭了起來，造成他不想上學的後遺症。後來冷靜想想他現在只有三歲，害羞很正常，是我把對未來的擔心想像，錯認是現在了。」一位爸爸這樣跟我分享。

身為父母難免有各式壓力，也都在用各式辦法面對和因應壓力，原本你只要因應「三十公斤」的壓力，但若加上「念想」，壓力就可能變成彷彿有「一百公斤」。

邀請你做個實驗，請現在和我一起不斷念想著「簡直狗眼看人低！」「就是欺壓我！」「就是要我不好過！」很明顯地，當我念想這三句話一些時間後，我的身體熱熱的，心情也隨之不爽。

念想很有威力，真是一念一世界！如果各種會造成焦慮、緊張的念頭來的時候，自己都隨之起舞，那簡直隨時要分泌壓力荷爾蒙，也就是平白增加的「七十公斤」。但是身為人就是和其他動物不同，大腦會有各式各樣的念頭出現——會想像、計畫、反芻思考、想過去、想未來，怎麼樣較能不陷入不是事實的想法呢？有意識地暫停一下，覺察來了哪些念頭，辨識有些念頭只是念頭，不一定等於事實是很重要的。

正念練習18 覺察念頭只是念頭，不等於事實（配合「聲音導引」練習效果更佳）

請掃描

【正念練習18】就是在平常可以用來練習「念頭只是念頭，不等於事實」的覺察力。這個覺察的腦迴路可以通過這個練習來強化，請你找個合適的時間和空間做練習。

我們每天的念頭就像高速公路上交通狀況，有著各式各樣來來去去的車子，時而擁塞、堵住或通暢。覺察一下此時此刻你內心的交通狀況如何？可以試著把一個個念頭看成是流經內心公路的各式各樣「念頭車子」（如：焦慮未來的念頭卡車、回憶過往的念頭公車等），而你就像高速公路上的ＥＴＣ天線般的觀看。去識別某些駛過內心的「念頭公車」，但你不需要「搭乘」，試著退後一步、意識到自己的念頭，並且觀察到自己念頭的來來去去，不馬上深陷於或糾纏於其中。請記得，這樣做並不是要擺脫念頭，而是尊敬各式念頭，不需貶抑念頭的重要性，而是去看見自己和念頭的關係，看見有些念頭是行動力的源頭、有些是過度啟動壓力荷爾蒙。練習自在地和念頭相處，也覺察很多念頭只是念頭，不等於事實。

洞察有毒的習慣

人是習慣的動物，有些習慣有助於我們順利有效地完成日常工作，但有些（比如：一定要如何的固執或完美癖）卻會影響身心健康以及親子和人際關係品質。一旦當習慣進入自動模式的運作，就容易成慣性，忘了為什麼這樣做，忘了因緣條件都在變，只是固定地反應。就像牛被關在周圍都通電的柵欄，牛一碰到柵欄就被電擊，久而久之牛不會再碰柵欄，然後，即使有一天關掉電源，牛也不會去碰柵欄。雖然自由近在咫尺，牛能夠輕易推倒柵欄脫離，但卻被自己的習慣限制住了。

我們也常常像這頭牛，會抱著某些固定想法和習慣過生活，即便當了父母也仍然一樣，因為熟悉、自我設限或害怕改變，始終持續許多不適切的習慣，即使是對身心或關係有傷害。

看見平常不察的習慣

曾經在教養諮詢的服務中，一位家長提及很煩惱青少年的孩子依賴、不獨立、解決問題能力低，連怎麼用洗衣機洗衣、和晒衣掛衣架前先抖一抖才不會皺都不會，一直抱怨了一堆。後來我帶著她反思和孩子相處的點滴，她才恍然大悟，因為「怕麻煩」的習慣，所以，生活中總是「我來，孩子你不會」、「你會弄亂，你會弄不好」、「我自己弄比較快」……於是這個慣性成為兒子不會解決生活問題的助力了。

晴晴碰到不如意時，習慣發飆大叫，當了母親後，雖然不想當一個愛發脾氣的媽媽，卻事與願違，常對無力招架的孩子發洩怒氣。孩子兩歲左右，三更半夜哭鬧不已，無論怎麼哄、怎麼抱都沒用，累了一天極度需要睡覺的她，氣極敗壞地緊抓孩子並對其耳朵大吼：「你到底想要怎樣，閉嘴，不—要—哭—了！」事後發現，孩子是肚子脹氣，所以才不能安定，真後悔把孩子嚇住。這樣的習慣不是只出現一次，很多時候想想孩子根本沒做什麼大不了的錯事，但總是阻止不了嘴巴，有時甚至把對自己與別人的種種不滿和委屈發洩在孩子身上，現在成了讓孩子擔驚受怕的母老虎。

要停下有毒的習慣，需要些洞察力，而洞察力往往來自專注和自己同在一會兒，覺察當下，平靜清澈地看清楚環境、看清人事物相互的關係、看見問題、了解隱藏背後的想法念頭或情緒、了解自己最重要的和在乎的是什麼。當你看清楚了，就有更多訊息或更多選擇，才能智慧地採取更適切當下的行動。

要如何養成這個洞察習慣的能力呢？建議你可以從覺察愉悅、不愉悅或沒有特別的中性感覺時，自己的習慣開始。

正念練習 19 覺察自己的習慣

當你感到愉悅、不愉悅或沒有特別的中性感覺時，你有什麼慣性反應？你可以每日選一個主題探索，為自己找個不會被打擾的地方，問自己幾個問題，如果可以，請嘗試書寫下來。

以探索「緊張」的習慣為例（「」引號內你可以自由地放入想探討的主題，如：興奮、愉悅、中性、無聊、沒什麼特別感覺、生氣等），你可以問三個問題：

1. 「緊張」時，我會特別去吃或不吃東西？

2. 「緊張」時，我會一再對自己，家人（孩子）重複說些什麼話？

3. 「緊張」時，我會一再一再重複那些特定的行為呢？（比如：一直工作不休息、一直睡、吸菸、飲酒、一直追劇、上網、購物、一直管小孩、嘮叨小孩、咬手指等。）

4. 探詢出每一個你因應「緊張」的習慣後（建議你可以寫下），請好奇地再問自己一個問題：從這些習慣我得到什麼好處？和失去什麼？如實地看看那些「緊張」的習慣行為，有沒有使情況更好，分辨有哪些「緊張」的習慣，也許短暫讓自己舒服，但是卻令自己走向不健康，更增加身心的壓力、焦慮和破壞關係呢？

5. 帶著愛和覺察，有意識地減少會毒害健康身心與關係的習慣。

習慣的建立需要時間，當然去除有毒的習慣也需要你花些時間去努力。有些習慣對自己是有用也滋養身心的，如適當固定的運動、健康的飲食，但有些則對身心和人際關係是不利，如：一直工作不休息、過度嘮叨等。很多時候，我們兩者都有，有的習慣有益健康和關係，有的則是會損及健康和生活品質。只要保持覺察，留意此刻所做的是有益還是無益健康，是滋養關係還是傷害彼此，你就可以做出選擇！

你可以選擇你的習慣

波夏．尼爾森（Portia Nelson），有首很美的小詩〈自傳五短章〉，傳神地描繪人面對有毒的習慣時的不知不覺、或者假裝沒有問題、不去面對，一直重複有毒的習慣，直到看見自己的責任、承擔起責任，帶著洞察和覺知，才從有毒的習慣走出來，選擇其他道路的過程。和你分享這首小詩：

〈自傳五短章〉

1

我走在街上
人行道上有個很深的洞
我掉進去了
我迷失了……我感到無助
這不是我的錯
我花了好久的時間才找到方法出來

2

我走在同一條街上
人行道上有個一個很深的洞
我假裝沒瞧見它
我又掉了進去
我簡直不敢相信我又舊戲重演了
但這不是我的錯
我還是花了好久的時間才出來

3

我走在同一條街上
人行道上有一個很深的洞
我看到它在那裡
我還是掉進去了……這是個習慣
我的眼睛張開

我知道我在哪裡
這是我的錯
我馬上出來了

4

我走在同一條街上
人行道上有個很深的洞
我繞過它

5

這回我換另一條街走了

在正念教養團體中，一位父親曾與我分享：

我和五年級的兒子三番兩次為手機使用而起衝突，在正念練習的滋養下，我看到自己用罵、用威脅的說話習慣，沒有帶來任何好處的情況。有一天回家，又看到孩子在玩手遊，就在電光石火的一瞬間，我改變對一直玩手機的兒子習慣性大罵「你再玩就沒收」的反應。我先暫停照顧自己，一邊深呼吸，問自己重點是什麼？這時突然有個想法跑出來：我不可能斷掉孩子使用手機，重點不是不可以用，而是聰明使用。於是我問孩子：「到底是什麼手遊這麼吸引你，好玩到連上個廁所都捨不得離手？」孩子聽了居然開始描述，為什麼這個遊戲好玩的原因。然後，我們一起研究，如何可以保護眼睛和健康，又能玩得好的方法，我很開心可以享受親子愉快的時光。

是的，這位父親透過培育正念練習，在激動的時刻讓自己暫停一下，在「刺激」和「回應」間，打開「我可以有所選擇」的空間，有意識地選擇完全不同於本來的習慣路線，嘗試新的做法，也發現新的可能。

邀請你一起開始好奇自己的習慣，展開洞察去看見有些習慣藏有毒性後，帶著勇氣換一條路走。

不當目標的奴隸

風和日麗的午後，我走過公園，耳際傳來一聲又一聲的歡笑，我好奇地望向聲源，看到一對父子正玩著球，心想「這年頭會陪孩子玩的爸爸增多了哩！」當下忍不住，又多看了一會兒這對父子的互動。

四歲左右的兒子努力把球丟向爸爸，雖然方向多變，但爸爸一球都不漏接。正當我沉浸在這溫馨快樂的氣氛時，親子間的歡樂畫面開始變調，只見情景轉成一臉煩躁的父親，用著急切的聲音不斷說著：「快！快！丟出來！」「你再用力一點！」「再來，再來！」而一旁的兒子，已經面色沉重、眼珠含淚，有氣無力地丟著球。

究竟發生了什麼事呢？原來每當兒子丟出球，似乎快碰到極限距離時，爸爸的身子就會自動往後退一步。就在球看似要成功拋入爸爸手中時，卻會驟然落地。孩子面對的處境是，不斷地被要求再丟遠一些。

更好、更多、更大、更棒

「水往低處流，人往高處爬」、「好還要更好」，是許多父母希望孩子能更進步、不斷超越目標的教條。所以當孩子學爬的時候，會拿著鈴鐺作為目標，吸引他往前爬；當孩子快到目的地時，鈴鐺又往後退一點。當孩子學寫字時，催促著他盡快完成；當他好不容易寫完了，卻因為字超出格子、不夠工整或是沒有達到父母期待，而被迫全數擦掉重寫。

當父母帶著求好心切的不安（這個不安包括：遺憾小時候沒人管，所以不滿意自己的現狀；不要求就會懶惰不長進；擔心不夠好；孩子的能力就代表自己的水準等等的念頭與心情），不斷要求孩子往更好的目標前進時，孩子可能會有不錯的表現，但他的心也許正因此受苦。為了要有更好的表現，內心總是緊繃與焦慮，縱使外界都認為很棒了，他的內心卻快樂不起來，時常不滿意自己的成果，甚至無法接受失敗。

老實說，往目標前進、求好求進步，並不是沒有好處，它幫助我們學習到許多技能、更賺到許多成就與掌聲，也是我們一直以來，在成長過程中破關斬將達成「任務」的好幫手。但人生若只被往目標的行動（doing）模式占滿，你的頭腦只會注意和選擇達到目標的訊息和想法，而看不到你認為無關的目標物卻正在發生與變化的當下訊息。於是，你的生活將少了享受當下、領會當下存在（being）的滋味與美好。

我的時間並沒有被誰或被什麼浪費

我也曾是目標的奴隸（即便現在忽略了覺察也是），總是覺得等完成這個那個，才可以如何，常常無法安處於當下，而是一直想著下一個待辦事項（目標）。有時甚至在自己覺得不是在做「完成目標」的事情時，就會有時間被浪費的煩悶感。

我深刻記得女兒幼稚園時，對我說的一句話：「媽媽都不開心，不笑！」當時，孩子的話像當頭棒喝，打醒那心不在焉。我人在女兒旁，卻焦躁著我的時間被分掉、被用掉，因為心裡滿是糾結，所以臉部表情嚴肅而毫無笑容。孩子就像「正念老師」，大大地喚醒當時心中若有所思、忙工作和論文，心裡總想著等我忙完再陪孩子；等我寫完這個那個、把事情完成、做出成績、達到目標，才可以休息才可以微笑放鬆的我。

如果父母都是用「目標任務導向」生活，總是要求著自己和孩子都要設法符合目標安排才可以，心思一直在那個要完成某某事的未來，真的很容易跳開當下，忽視當下的自己和孩子的需求。自然也無法好好經驗和品嘗親子間、家人間只有那一次的當下瞬間。

女兒小時候很喜歡到公園玩玩走走，這個玩走公園要花的時間，也讓習慣於目標模式生活的我，常感到時間過於漫長。但我知道，除非我準備好處於當下，不然沒法和孩子玩遊戲。於是我放下心中一直想著要做的待辦事項，融入孩子，和她一起去逛公園。透過孩子的眼睛和好奇，我居然發現小小的社區公園原來有如此多的東西可以觀察，小花、小草、大樹、泥土、小狗、小石頭、天邊的雲……同時感受到孩子各式各樣的問題和想說的話。下過雨時，女兒會看看腳下坑洞的水，「媽媽，水好像鏡子，我們在裡面。」她也會蹲著看掉落下來葉子的紋理、泥土中忙碌搬家的螞蟻。有時候還會在公園，一次又一次玩著遊樂器材，而在這一次又一次，我也看見女兒慢慢熟稔運用自己的小小身體，操作每個遊樂器材。

孩子有天生的能力——處在當下。只要我把一直追趕時間的目標模式鬧鐘暫停下來，我便能從中獲益。那時每天散步的時間大約三十分鐘，這三十分鐘的踏實和滿足，反而讓我的心不再糾結於為了加班工作與寫論文，必須委託保姆照顧孩子，沒辦法陪孩子的「罪惡感」，更有效率和活力地處理要完成的目標事物。

不被心中未來的目標帶著跑，所有和孩子玩的時間、做家事、工作的時間，都是我的時間，我沒有被誰、被什麼浪費。就在當下，每一個我的時間，享受自發和創意的能量。這是在當下和孩子在一起，我收到的不凡禮物和教導。

如果我寫完論文，就可以放鬆！

如果我找到更好的工作，再去旅遊！

如果我買到我要的包包，就會快樂！

如果你傳球再遠一點，就很厲害！

如果孩子考到好學校、好成績，我才會開心！

當下的時間、當下關係的品質，就這麼被「如果達到某個目標……就可以」的生活方式偷走。雖然目標模式幫助你突破不少任務，但太多反而讓人被目標束縛，心慌慌的無法輕鬆專注當下。開放面對此刻的種種可能，單純地與當下的人、事、物連結，單純地享受生命。

接下來「就在當下，享受正念行動」的練習，希望能幫助你重新尋回存在模式，全然臨在當下，不再做「目標」的奴隸。試試看，你會賺回許多「你的」時間和關係品質喔！

正念練習20

就在當下，享受正念行動

請你找個生活中會從事的小小活動（或者更多），有意識地把正念帶入行動中。也就是每天做這個活動時，保持完全覺察。例如你可以在每次通勤上班路途中，或者從停車場到家的走路過程中，享受每一個步伐。如果心跑走了，就停下來呼吸一會兒，待心回到全然覺知的當下，再繼續步伐。

當然你也可選擇其他活動練習，比如刷牙、煮咖啡、泡奶粉、澆花、開關門、開電腦開關時、開車等等，就是在做這些活動時，練習心不跑到別處，不想其他問題和目標，全然地活在當下。享受你正在接觸大自然、正在讀喜愛的書、正在品嘗喜愛的滋味、正在欣賞圖畫、正在感受什麼觸感、正在聞到什麼氣味、正在聽到什麼聲音的各種活動。

溫馨提醒，在你做正念行動練習時，身為父母的角色也是我們生活過日子的一部分，不需要刻意區隔兩者。當你練習到一半，孩子哭鬧了，也可以平穩、無抗拒、不需抱怨地，就讓注意力轉移到這時需要你的地方，把「安撫孩子」納入當下正念行動的練習吧！

先欣賞孩子再邀請孩子挑戰

回到一直要孩子丟球再用力一點的公園父子場景。當我們只看見「好還要更好」的目標，忽略當下存在，容易讓人身心失衡及耗竭。在臨床經驗中，我也看到很多這樣的孩子，因為內在壓力太大，而易緊張、咬指甲、沒自信、易放棄、或一點挫折即情緒暴怒的狀況。對父母來說，希望孩子好是很自然的，但是「好」真是一個很感覺性的定義詞彙，除非當事人認為這個學問、技術真的感覺「好」，才會有動機努力達成，且獲得成就感。另外「好」也是相當具有個人性特殊發展意味，一個高中生要有「好」的丟球力道和準確度，標準絕對和一個幼稚園的孩子不同。

因此，要培養孩子有穩定自信的向上能力，是得用心與孩子同在，思量孩子目前的能力在哪裡，讓孩子欣賞自己目前的能力，且還能對「再進步的目標」充滿能量和期待。父母如何在生活過程中引領孩子，讓他們感受到現在的好，以及想改變的是什麼？從現在慢慢往自己想要的目標前進，確實是一門要學習的藝術。

如果那位公園裡的父親在孩子丟得到的地方停住，並且在孩子達成目標時稱讚他：「哇！好厲害」「真不錯，很準！」「哇！我快接不到了，力道好強！」與孩子一起真切地享受當下的美好經驗，累積滿滿的能量，再向孩子提出「想不想挑戰爸爸退後一步丟球呢？」的邀請。孩子若同意，就告訴他：「我很佩服你的勇氣喔！」如果孩子不想挑戰也不強迫，與孩子的當下同在，而不是一直追著要如何的目標。也許，小男孩的眼中不會有淚，父親也可以平靜、開心地與他深愛的兒子，繼續共享難得的親子時光。

和孩子在一起的每一個當下，都是珍貴的，也都是你的時間。透過一次次不當目標的奴隸，心不被一定要如何的目標帶離，就在每個當下，實實在在練習正念，與當下的人、事、物同在。這個不當目標奴隸的能力，也會幫助你能專注當下看到孩子真正的自我，不讓你所期望及恐懼的事變成孩子的束縛，孩子便能以適合自己的方式成長發展。

不再指責自己

「真的很笨，連這種事都做不好！」「腦袋是紙糊的嗎？這麼簡單也搞不懂！」「拖拖拉拉的，活該！早一點處理，不就好了！」以上這些話語，你熟悉嗎？

當我們和一個經常說這類話的人在一起時，大多巴不得想快閃離開，甚至沒必要就不想和對方接觸。但是，很奇怪，我們卻常常對自己說這些話……「唉，我真的什麼事都做不好！」「早知道不該……」「我好罪惡感／後悔，如果當時我可以……」對自己不滿，對自己的錯誤或弱點反覆思慮自責（知道這些思慮無補於事，但卻停止不了），在自己情緒低落或遭遇挫折時，仍然對自己嚴厲苛責。

最常辱罵你的，就是你自己嗎？

你知道在指責或辱罵的聲音圍繞下，對身心穩定平衡有著很大的殺傷力嗎？這些苛刻的字眼（如：「我不夠好」或「我今天做得很差」）湧入耳、進入心時，很快地會觸發「威脅防禦系統」（像爬蟲類大腦的下層腦），啟動交感神經系統。這時皮質醇（也稱為「壓力荷爾蒙」）的濃度會大量提高，身心出現壓力反應。如果一個人老是在自我批評的狀態，就慢慢累積成慢性又長期的壓力，對情緒和身體健康非常不利。

還不只如此，習慣指責自己的人大多有這樣的經驗。一個自我指責接下來很快地就會湧出那些從小到大、也許是童年時期爸媽或老師罵我們的聲音浪潮。之後浪潮越來越大，將過往的委屈、難過、生氣等情緒一併帶回。這時候，心就像被一枝箭打中、再一枝箭、再一枝箭地射在同樣的地方。不舒服如同滾雪球般倍增，很多父母（大人）在一團混亂下，往往就更「衝動」地將情緒發洩出來，尤其在教養孩子時更容易發生。

曾經有位媽媽在父母團體中哭著說，自己是一個很笨的媽媽，先生也常罵她不會教孩子，一天孩子被老師寫聯絡本再度警告「上課一直說話不認真」，她失控地又打、又罵、要孩子向老師道歉，要孩子再不認真就休學。孩子被她嚇壞了，她很自責自己怎麼就是這樣笨手笨腳、這麼粗魯，同時也用力敲自己的頭，要大大警惕自己，不可以這麼衝動亂罵。之後她開始回想，並訴說她從小就反應不好、也是家中成績最爛的孩子……這位媽媽指責自己的箭，在短短時間內，一箭箭不間斷地發射，整個人都被指責的箭包裹住，臉色暗淡、毫無生氣，而在教養孩子時，也對孩子發出一箭又一箭狠狠的指責，無法自抑。

自我安撫，才有助於再次挑戰

也許很多人會認為指責才有警惕作用，才不會「再犯錯」，才可以激化自己「突破困難」，而花時間看看委屈、難過、生氣等情緒，只會讓人更脆弱或更放縱。

事實並非如此！我在教養、教育現場看到，那些對自己經常指責的人，往往更不自信，對失敗有更大的恐懼。史丹福大學慈悲與利他主義研究教育中心的眾多研究也指出，採取負面及自我批評的心態，既不利於一個人整體的心理幸福感，也會使人難以從經驗中學習及成長。反而是自我慈悲、自我關懷，能夠讓人保持冷靜，並以平靜的心境面對挫敗和批評。

在「體諒」自己的艱難和限制的自我慈愛狀態下，大腦會降載與不安感、喚醒和防禦相關的神經危機系統（neurological threat system），同時啟動自我安撫系統（self-soothing system）。自我安撫系統就像哺乳動物都會有的護理系統般，提供有關餵食、滿足、撫慰、連結、依附、安全的措施作為，讓人在匱乏時感到安全和受照顧、減緩壓力。在關心自己的狀態下，不但不會停滯於自我指責後所感到的無助絕望，反而會希望充分發揮自己的潛力，更有動力去實踐目標和接受生活的挑戰。

父母是不容易的角色，有各式各樣的挑戰，我們不需要完美也不必完美，請允許自己可以不懂、不會，允許自己也有無法處理好教養事務的時候。對當下及我們本身的真實狀況，培育慈愛友好的態度，軟化指責自己的箭，接受自己本來的樣子，對自己有耐心、不責備。

善待自己，是很需要也很重要的能力。因為，我們對待孩子（別人）的方式，跟我們自己對待自己的方式其實很類似。如果對自己常常嚴厲指責，同樣的嚴厲也會延伸到對待他人。父母若對自己慈愛與友好，軟化指責自己的箭，這股能量也會慢慢轉化到對孩子的教養上，有意識地不將自己的需要、不安、不滿，投射在孩子們身上。在孩子挫折或出現問題時，也可以啟動照護系統，減少衝動指責批評孩子，給予孩子成長的支持。

接下來就讓我們一起練習軟化指責自己的箭。

正念練習 21

軟化指責自己的箭（二）

首先，請安排一個可以安靜平穩書寫的環境，並為自己準備足夠的紙和筆。然後按照下列反思問題進行書寫：

1. 此刻請想一個一直想改又改不了，而自己做了又會一直自我指責的行為。例如：我總是拖到最後一刻才出門。（提醒：這個行為是可改變的，而不是不可改變的喔！如：腳的大小。）
2. 這個行為可能造成的影響，以及你會指責自己的聲音和語言。例如：讓自己很趕、很急、身體很緊張、快跑容易受傷、擔心遲到、遲到被罵等。出現的指責聲音是：又來了、每次都明知故犯、提早五分鐘有那麼難嗎？

3. 被指責批評時，身體感覺、感受、想法如何？例如：會憋氣、心感覺揪住、很沮喪、很不解自己為何一直如此、很無能。

4. 請帶著友善的眼光，看看自己辛苦和已經承擔的部分有哪些？例如：雖然很急，無論如何我盡力到達，也會向受影響方說明或道歉。

5. 試著靠近「指責批評」的聲音，聽聽它為什麼會出現？目的是什麼？善意的動機是什麼？例如：它想幫我，不要讓自己這麼侷促和緊張，這樣對身心不好。它想幫我早點到目的地，有時間照顧自己，暖身一下再開始工作。

6. 請寫下感謝這個「指責批評」的聲音的話語。例如：謝謝你用嚴厲的方式提醒我，我知道你捨不得我緊張害怕、擔心我影響表現。

7. 請在紙下畫一個大大的愛心，在愛心裡有著你與生俱來的慈愛、柔軟和撫慰的聲音，試著聆聽並用「我」開頭寫下這些話語。例如：我知道你想準備好再出門，所以會花許多時間，有時候我感到你會捨不得離開「熟悉」，因為每一次出門彷彿是冒險。你怕準備不周全、怕太早到不知如何與不熟悉的人事物相處、怕太早到浪費時間。沒關係，知道就好了，知道了就可以看到很多是自己想像的，並不一定是事實。相信自己可以水來土淹，你也值得給自己更多緩衝時間赴各種約，那一點也不是浪費，而是疼惜自己喔！

8. 請放下筆，輕輕地閉上眼。給自己三個愛的深呼吸，同時再次感受你在愛心中寫下的慈愛、柔軟和撫慰的聲音。等準備好，再拿起筆在紙上寫下你的發現及想改變的小小行動。例如：我發現在「拖到最後一刻才出門」的行為中，深藏著對離開、不熟悉、害怕表現不好等種種擔心，那是很小就離家求學的自己，發展出來的用力保護自己的方法。然而，現在我可以對自己身心友善，而不是被莫名的擔心帶著跑，我可以也值得給自己一段優雅準備出門的二十分鐘時間，也和緩地給自己提早十五分鐘到場暖身的時間。

以上例子是我自己透過反思書寫，一步一步地軟化指責自己「總是拖到最後一刻才出門」的箭，在過程中也看見它背後的善意及找到自己慈愛的行動。相信你給自己一個機會，慢慢、自由地書寫也會有你的發現。

指責自己的箭，有時候像除不去的背後靈，常常出現讓自己很不輕鬆也很不自在。如果你有這個感覺，希望接下來的練習能幫助你。

正念練習22 軟化指責自己的箭（二）

在做這個練習時，請先給自己一點時間沉靜下來，覺察一下自己現在身體緊繃的地方，透過一次次深深的吸氣、緩緩的吐氣中試著軟化些緊繃感。當你準備好，持續保持自然呼吸，從心底問問自己並覺察一下：在我和「自在的感覺」之間是不是有著什麼東西卡著？

也許有，也許沒有，無論如何邀請你透過接下來的問題反思一下，你可以拿出紙筆記下你對問題的任何回答：

1. 長久以來，是不是一直覺得自己做錯什麼？
2. 你最害怕誰的指責？
3. 為什麼擔心這個人指責你，覺得你能力不好？
4. 得到這個人的認同對你來說代表什麼？
5. 從這個人的認同，你得到什麼？
6. 再想一下還有得到別的嗎？
7. 請你想想不需透過這個人肯定，你也能得到（4、5、6題答案）的健康方式？

溫馨提醒：書寫時請保持覺察，此刻有什麼身體感覺、心理感受和念頭出現，只要接納它，答案沒有對錯，好好照顧當下的自己。溫柔地對自己持續探問，用問題打開空間，而自由書寫可以幫助我們散亂的念頭得以具象化，給心神一次清理整理的機會，新的可能性、有創意的解決問題方法可能就在這瞬間出現。

身為父母，當我們的言行舉止和自己想要做、或希望成為的父母樣貌不一樣時，會感覺不舒服及挫折。這很正常，邀請你試試就在當下允許和承認：「哎，我不喜歡剛才的做法」，如實知道自己現在不滿意自己，如實知道現在的身心狀態。帶著慈愛與友好去發現感覺、念頭、想法或是故事的來龍去脈，智慧地分辨有些指責的聲音是複製原生家庭中父母或老師罵我們的聲音，軟化指責自己的箭，也不需要再射出第二枝「我就是如此笨」等等指責之箭。因為那就像是苦上加苦，痛上加痛的雙重苦痛。

帶著關懷和善意照顧自己一下，等到自己穩定、平靜地了解後也準備好，就可以為自己做些改變的行動，如：重新對孩子說或做自己認為較合適的教養動作。用慈愛自己軟化指責自己的箭，可以讓身為父母的我們，更快地讓自己從失誤中復原，並重新可以支持和關愛孩子。

緩下比較

「她的皮膚好白，我的比較黑！」「隔壁小陳升官了！我沒有。」「我的孩子沒辦法像別家的孩子一樣安靜，總是動來動去！」「我的房子比較大！」「我的運動細胞比你強！」「最近大家都168，我也來168。」……生活中我們常常與周圍人的比較，與表現比自己好的人比較（向上比較），與表現不如自己的人比較（向下比較），也會與四周的群眾比較（側向比較），看看大部分的人選擇了什麼，自己也跟著選擇。

無窮比較，無限焦慮

透過「比較」有些時候會讓人更了解自己、自我肯定，但也可能陷入自我懷疑的情況。美國社會心理學家利昂．費斯廷格（Leon Festinger）把這種現象命名為「社會比較」（social comparison），指的是每個人都會利用他人作為比較的尺度，來進行自我評價。這是人類在相互作用過程中不可避免會產生、並且普遍存在的一種社會心理現象。

然而，當單純了解事實現況、知道自己在社群中是哪個位置的比較，加入大量「好壞評價」，彷彿裝了一個關不了機的木馬程式，就讓人辛苦又焦慮了。一直不斷升起「我必須比別人更優秀」的優越情結，或與之相對的「我怎麼這麼差」的自卑情結，把故事變成「我不可以輸！」「我不可以不好！」「我好糟！」的威脅場景。

例如上述的內在語言變成：

「她的皮膚好白，我的較黑！」→「她的皮膚好白，天哪，我怎麼這麼黑，好慘！」

「隔壁小陳升官了！我沒有。」→「隔壁小陳升官了！唉，我是魯蛇，居然還在原位！」

「我的孩子沒辦法像別家的孩子一樣安靜，總是動來動去！」→「為什麼我的孩子沒辦法像別家的孩子一樣有規矩，總是動來動去！是他有問題還是我做錯什麼嗎？」

「我的房子比較大！」→「我的房子比較大，我就是比你厲害，怎樣！」

「我的運動細胞比你好！」→「好險，我還有運動比你好！」

「最近大家都１６８，我也來１６８。」→「最近大家都流行，我不可以退流行。」

心底害怕，擔心自己是糟的，或是雖然自己不到標準程度，卻覺得自己不能輸，心一直追著「我必須比人優秀」的目標，或者覺得「反正我怎麼做都不會成功」的放棄，兩者內在壓力都極大。

是想被看見還是特別？

小時候，我學音樂一直不順，覺得自己很差，達不到大人要求的水準，也比不上有天分的哥哥。擔心自己不被「看見」和「沒有用」，於是小小心靈就立下「志願」：如果我音樂不如人，那我就努力讀書。所以成績一直維持很好，原本讀書可以是開拓視野和享受學習樂趣，但因為得「呈現好」，讀書卻變成證明我是優秀的方法，害怕成績排名下滑，害怕被別人比下來。在這樣的焦慮下，讀書成為壓力，也無法享受讀書學習的樂趣。

在兒少服務的現場中，我也看見一個又一個擔心不被看見的孩子，用自己的各樣行為，讓自己變得「特別」。特別用功、特別愛現、特別愛運動、特別搗蛋、特別奇裝異服、特別張牙舞爪、特別靜默……這個想要特別不是變得特別引人注目，就是特別怪、或特別難搞。

人會從成長的各式經驗形塑自我概念，而自我概念有個重要成分：自尊，它是自己對自己價值的評估與感受，也就是在社會比較過程中所獲得的有關自我價值的積極評價與體

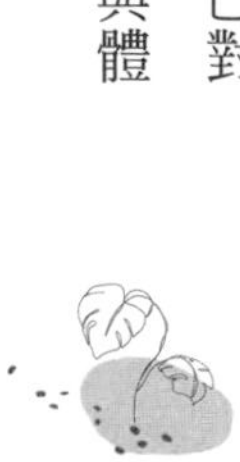

驗。「我得特別」是接收環境許多「這樣比較好」、「那是差勁」、「我是對的，你是錯的」、「你很丟臉」、「我來，你不會」的訊息，經驗各種被決定、反覆不滿的批評，在充滿對錯比較下，長出來的「求生」方式。

然而「我得特別」以獲得關注、自尊的代價，是會一直從外面的反應來看自己好不好，用更大的力度不斷比較自己是好是壞。總是擔心夠不夠好、擔心失去愛和關注，於是可能更會想緊抓著自己的表現、自己的資源以保護自己，因此，很多時候「別人」變成是和自己搶資源的人，一旦感到別人比較好，可能帶來強烈的嫉妒，而出現過度注意自己的自我膨脹（優越）或自卑情結。

你不需特別，我也愛你

「比較好」確實讓人覺得有自尊，但是健康的自尊是來自於對自己的接納和自我看重。二〇一五年阿姆斯特丹研究人員對五百名小學學齡兒童研究顯示——**自尊來自安全依附、接納，而不是高估或有人說你比別人好**。研究中的一些兒童表示父母愛他，六個月後這些兒童有較高的自尊。而一些說父母認為他們比別人更好更特別的孩子，則表現較為自戀，而不是較高的自尊。所以，要幫助孩子有健康的自尊，緩解自戀的自我膨脹（優越）或太過自卑，不受嫉妒的毒害，環境中的大人是否能打從心底對孩子展現出「無論你表現如何，我都珍愛你這個人」的態度就很重要。

「不需要證明，也不用特別，我都值得被看見和珍愛！」會讓人安心和放鬆，相信即使我挫折、不順利、傷心難過，也能擁有父母（大人）的珍惜和愛。這份內在安全會讓一個人由內長出信心和勇氣，可以自在展開好奇、自主和調節適應環境的能力。

但是，這對多數的父母都是挑戰，因為在成長的過程中，你可能感受到環境大多是充滿適者生存的文化，你可能從小就習慣得在無情的競爭下證明自我價值，很少感受到無論成就大小、無論失敗、失誤或挫折與否，「我這個人」都值得被看見和珍愛的關係。也就是說，你可能是在阿德勒心理學認為容易助長競爭的縱向關係長大。縱向關係是有上下、對錯之分的關係，讓人容易捲入「要向誰證明什麼」的洪流，很損害精神健康。

阿德勒心理學支持人們發展橫向關係，因為橫向關係中彼此是平等的存在，人無優劣，在這種相同的水平面，每個人只是從不同的出發點、懷抱著不同的責任和目標，大家照著自己的速度和方式，照自己的選擇或快或慢地向大道「前」行，彼此共同努力，尋求人類全體的進步。在橫向的連結裡，人無需炫耀優秀或證明自己而一直推下別人往「上」爬，也不會覺得自己要在下方努力地追著稱讚、或花很多力氣對上位者諂媚，等著別人認可。

親愛的父母，假若你也是在成長中，大量吸收「表現好，才被拍拍手」、「我要表現好才被愛」、「我要比人強才可以活下來」的經驗，邀請你覺察一下，是否很熟悉「縱向關係」的生活態度，是否會很習慣、不自覺地在教養中傳遞出「上對下」姿態的評價、判斷與對錯比較呢？

二〇一四年哈佛大學對全美一萬名高中學生調查他們最重視的價值是什麼，有八成的學生選擇「高成就及幸福」，他們表示父母親要他們達成的最重要任務就是「出人頭地」。但是接受調查的父母有96％卻說，他們希望是養出懂得關懷他人的孩子。其中有孩子回答：「雖然爸爸說要待人和善，但是他真正想要我做到的是贏過別人——而且可以不擇手段。」「媽媽告訴我要對別人好，可是比起我當上本月榮譽公民，她更高興看到我名列前茅」。當父母的內心存有怎樣比較好、怎樣比較差的縱向關係態度，孩子仍會敏銳地「嗅出」。

孩子在成長過程中，能感受到自己的能力和價值獲得父母（重要他人）的接納，感受到身而為人的價值無需被比較，慢慢自然會長出對自己有恰當的期許，並學習以合理的標準客觀評估自己。這樣孩子的自尊會動態健康地移動和調節，而不是只定在兩端——不是過低的自卑，就是過高的膨脹。所以，當父母能從自己開始練習緩下對錯、評價性的縱向關係比較，如實、接納、平等地看待自己和他人，除了開啟自己的橫向關係模式，也可以避免不知不覺代代相傳「比較對錯」的木馬程式。

正念練習23

如我一樣（配合「聲音導引」練習效果更佳）

請掃描

這個練習能幫助緩下縱向比較的眼光，打開橫向的視野，練習平等地看見我們身而為人都一樣的本質。邀請你找個合適的時間和空間，做「如我一樣」的練習。

1. 請找個不被打擾的地方，讓自己舒適又醒覺地坐著，如果允許可以試著讓眼睛輕輕地閉上。
2. 將注意力帶到此刻的呼吸，留意呼吸，正在升起，停，消散。也留意呼吸時身體的擴張和收縮，讓不間斷的一吸一呼伴隨接下來的練習。
3. 請回想一下，最近在生活中（或一直以來）有一點小小觸動會讓你很快出現讓自己覺得比較差或比較好的人，這個人也許是很熟、也許不太熟，又或許是ＦＢ、新聞、路上的陌生人。

4. 如果合適，邀請你輕輕地在腦海中試著浮現那個人的臉（如果不想也沒有關係）。現在感覺一下看著這個臉（想起這個人），此刻自己的身體有什麼明顯感覺出現（如，呼吸快、熱、緊），心情如何？浮現什麼念頭？

5. 無論出現什麼都知道，不抗拒也不跟隨。把注意力放在此刻的呼吸，透過一次又一次的呼吸，感覺自己的心正變得柔軟和溫暖。現在，你正在和柔軟、溫暖與愛的心，一起呼吸。

6. 當你準備好，帶著這份溫暖和柔軟，想想「那個人」有身體、有心靈，在碰到勾起不安的人，也會有感覺、也會有心情、有思緒升起，就如我一樣。在生命中的某個時刻，「這個人」也曾有快樂、傷心、失望、生氣、挫折、孤單或困惑，有時候會覺得自己沒有價值或不夠格，就如我一樣。「這個人」在他生命當中，也經歷過身體與情緒的痛苦，就如我一樣。「這個人」希望身和心能免除痛苦，就如我一樣。「這個人」希望身體健康、為人所愛，並且有和諧的人際關係，就如我一樣。「這個人」希望得到喜悅平安，就如我一樣。

7. 現在，邀請一份善意和慈心，從心中升起，祝願這個人有力量、有能力、有情緒和社會的支持，去面對生活中種種的困難，祝願他沒有身心上的痛苦，祝願他平安快樂。因為他和我一樣都是地球的一份子。

8. 最後，祝願所有認識的親朋好友，平安、喜悅、健康，就如我一樣。祝願所有眾生平安、喜悅、健康，就如我一樣。

請溫柔感受一下結束練習的身心，感受一下自己的**內在都有個足夠好的自己，不需要證明自己存在，因為你本來就在。你不比別人多，也不比別人少！**

等準備好了，邀請你帶著覺察起身（移動），並把練習體驗到的覺知和品質帶進生活中。

比較沒錯，只是需要校正焦點

澄清一下，**緩下比較**並不是指「比較」是錯的，當你出現比較的念頭和想法時，一點都不是問題，那很正常，在演化上人類大腦就是多了會記憶、判斷、分析、想像、思考、評估、計畫、操作等功能才勝出的。而其中你的大腦有很重要的自我監控功能，就像是有一個差異的監視器，會進行差異性的比對，以了解、統整訊息，找到可執行的方案去行動。

舉例來說：當你刷卡進到捷運站，看到指示跑馬訊息還有兩分鐘車會進站，大腦會很快地評估，是要用什麼速度行進，以搭上這班車或搭下一班。你的大腦對各式訊息比較後，決定使出洪荒之力快跑搭上它，這時上車的你很自然地感到身體用力跑後的緊張、心跳急促、呼吸很喘，但身體慢慢地就會回復常態。

然而，這個有著評論、判斷、評估等出色本領，並懂得對自身經驗與情緒進行分析、比較的聰明大腦，有些時候並不太有幫助。當你上了車，這個「聰明」大腦若開始想著：「剛剛不應該花那麼多時間上廁所！」「天哪，如果沒趕上，我就沒時間準備電腦，然後報告時我就會語無倫次……」「我真的很糟糕又讓自己太晚出門，我就是這樣總是改不掉這個壞毛病。」大腦一直不斷反芻「懊惱過去」、「焦慮未來」、「比較對錯」的內容，自然就會帶出大量不安。在不安一直被聰明的大腦製造出來時，「威脅感」一直沒消失，於是壓力荷爾蒙也隨著不斷分泌。即便你上了車，你的身體緊張現象仍無法放鬆、和緩下來。緊繃的身心，因著這個會聰明、反芻、比較的大腦而一直持續著，不知不覺將大大影響一個人的身心健康和人際關係。

「緩下比較」是一個邀請，邀請你時不時透過正念練習校正一下大腦，讓不斷反芻、比較對／錯、上／下的腦區，緩和與暫停一下，並召喚大腦中「接納、安撫與平靜」的腦區接手工作，安定平穩自己。

你不比別人多，也不比別人少！你的內在已有個足夠好的自己，不需要證明存在，因為，你本來就在！

擁抱焦慮

在《睡美人》故事中，國王和皇后因為焦慮、害怕女兒被紡錘針刺到使沉睡的詛咒成真，下令燒掉全國所有的紡錘車。公主在各式保護下，完全沒看過紡錘車，日子一天天過去，就在十六歲生日的前夕，國王和皇后外出，公主難得沒人看管。她自由地走啊走，就這麼走進古塔頂上的小房間。公主看見裡面有位老婆婆，拚命地在織著線。因為沒見過紡錘車，公主非常好奇也感到神奇，在完全沒有任何「紡錘車免疫力」下，就這麼不知不覺地伸出手，被紡錘車的針扎到了，結果詛咒真的成真了。

你擔心的「紡錘針」是什麼？

在現實生活中，也有許多類似睡美人的父母，因著焦慮「紡錘針」，花很多力氣防堵它，深怕一個不留意，「紡錘針」就進入孩子的世界。

父母焦慮的「紡錘針」琳琅滿目，數都數不清，如：太愛哭、很好動、愛生氣、靜不下來、吃太多、愛喝飲料、睡不夠、寫字很醜、老師很兇、成績差、沒朋友、花太多時間交際、太早交男女朋友、挫折忍受力低、不勇敢沒自信、對什麼都沒興趣沒熱情、挑錯工作、錯失機會、鬱鬱寡歡、壓力大……

父母防堵保護方式，也以各式各樣形式出現在教養現場，包括：強力禁止、打罵、處罰、喝斥、威脅、嘮叨、獎賞、事先完善安排、說理、代出征……

而這些因為焦慮、擔心與害怕出現的各式防堵保護言語，如：「不要碰、不要摸！」「就聽我的，意見這麼多！」「若你……就（不）可以……」「社團花太多時間，對你……然後……記得……」「我來，我幫你……」等，因為多了「想控制」的念力，孩子享（感）受被保護的同時，也得交出獨立思考權。

於是，有些孩子為了成為父母（大人）心目中的好小孩，壓抑自己，讓心沉睡；有些孩子選擇為反抗而反抗地呈現自己，整個心思都在如何對付父母；有些孩子困在到底是聽自己的，還是順從父母的糾葛中。無論是心睡著了、心抗爭著或是心矛盾糾葛著，孩子對於「紡錘針」是什麼？會影響自己什麼？要如何與它相處？與它維持什麼關係？幾乎未被開展覺察和探索。

睡美人故事中巫婆的詛咒，就是針對「公主對紡錘針不知不覺」趁虛而入，公主及整個王國付出沉睡一百年的代價。然而在現實生活裡，面對無所不在的「紡錘針」，努力防堵的父母和沒有免疫力的孩子付出什麼代價呢？

我相信身為父母（教養者），難免都有自己焦慮的「紡錘針」。我內心最大的「紡錘針」就是心肝寶貝（女兒）會身心受苦。我和許多母親一樣，在很多時候**看著**孩子不舒服、或**想著可能**孩子會出現危險，就會有急於解除孩子不舒服、危險與痛苦的衝動，這個衝動非常快速、且自動會帶出一堆嘮叨轟炸性的語言。

我焦慮，所以你要負責！

二〇一九年底新冠肺炎開始全球肆虐，斬斷了很多我們既有的生活模式與節奏。尤其在疫情之初，沒有疫苗、醫療資源吃緊，各種理所當然的活動、交流、移動必須大量地停止。每天習以為常的家庭採買、到公園散步、搭大眾交通、上學、工作、生活，都得要提心吊膽地做好自我防護。當時，隨著一波一波疫情消息，能感受自己的心一波一波地流出不安、焦慮。除了擔心著自己和家人，也掛心著在外住校求學的女兒，是否能勤洗手、不亂摸、帶口罩、減少不必要的活動和約會，好好保護自己。

當時住校的女兒打電話說週末難得可以回家，我心想也告訴女兒可以趁回家煮雞湯替她補補身子，提升免疫力，女兒開心，我也愉悅平靜地提醒女兒交通過程要注意自己的防疫措施。女兒接著說：「但是，我會晚一點回家！因為和國中同學想約在台北車站聚會。」

然後，我就在電話這頭開始一連串說著：「一定要在這個時候約見面嗎？沒辦法換時間嗎？講電話聊不行嗎？不要吧、沒見面又不會怎樣……」而電話那頭，沉默不語。

在領受這個沉默同時，我突然驚覺「我的」擔心，讓我的音量變大、話速變快。很快地，我讓自己深呼吸一下，覺察心底真正的意願是什麼？

「我不想孩子因為怕我生氣、怕我心情不佳而覺得被控制和被迫決定改約，我希望孩子可以好好評估現在的局勢，為自己做出最適決定。」

於是，我向女兒說：「sorry！我太激動了，我還沒聽完妳想要這樣規劃的想法，就一古腦兒地說一堆。」我邀請她多說些她為何如此決定的想法，最後我分享：「我沒有限制妳的意思，只是想提出近日疫情嚴峻，也許緩一緩非必須的人際接觸是對自己和對他人的慈愛。妳可以考慮一下，無論赴約或延約，我相信妳會做最適當的決定與行動。」

孩子聽完說：「ＯＫ，我會想一想。」我們彼此互道晚安。掛了手機。

隔天，女兒平靜地對我說她決定和朋友疫情過後再相約，她覺得這樣比較適切也心安。

是的，當我焦慮的「紡錘針」被觸動，一堆充滿質疑、想改變對方的嘮叨轟炸性語言，就這麼嘩啦啦噴瀉，也改變了原來活力、溫馨的母女對話氛圍。

也許你也曾像我一樣當焦慮升起時，因為想馬上除去或推開焦慮，就很衝動地對孩子做出控制性或過度保護的教養行為。然而，我發現在這些衝動的行為中，常隱含著「我焦慮，所以你要改變！」「我焦慮，所以你要負責！」的吞噬感——你被我決定要解決我的困難，你被我決定用我的方式生活。

孩子與我的課題各不相同

身為母親，由於孩子是從自己身體生出，更容易不自覺把孩子這個「你」和自己這個「我」一體化，你我不分，就像孩子還在肚子中，我就是你，你就是我的混成一體（當然父親也會）。但是，這時屬於父母的課題：「學習有智慧地處理焦慮」與屬於孩子的課題：「有智慧地處理『紡錘針』」也混雜在一起，甚至錯位。

直到女兒沉默，我驚覺「我的」焦慮，讓我的音量變大，話速變快。我知道每日看著聽著媒體放送的疫情訊息，令我憂心和焦慮。我看見我的害怕真實存在，我不假裝沒事。當我承認我的擔心，我就可以更清楚地覺察到「我的」擔心正在張牙舞爪伸向孩子。

我給自己片刻暫停一下和自己呼吸一會兒，於是，我了解焦慮背後想說的，和我更在乎的是：我無法時時刻刻盯著孩子，在孩子身邊保護她，孩子得有自己的判斷，也得為自己的決定和行動負責。所以，我向女兒坦承我的擔心和想法，也表達我的尊重和相信。

我拿回我的課題：直視我的焦慮，也還給孩子她的課題：好好判斷、自主、負責，母女各自安好，彼此心也輕安。

在疫情當下每天看著不斷播放的全球疫情，心不斷被牽動，上上下下、遑遑不安。身為父母，除了照顧自己的身心外，我們還要挪移更多的心力守護最最親愛的孩子。也許你也和我一樣，不管孩子多大，也仍會擔心或焦慮是否她（他）可以在最大範圍內，好好保護自己。美國南加州大學心理學副教授達比・薩克斯比（Darby Saxbe）曾說：「**父母就像威脅偵測器**」，所有攸關孩子的大小事都會被放大，更何況是非常有可能會威脅到親愛寶貝生命的世紀恐怖病毒！

分辨你的焦慮是不是真老虎？

還記得人只需想像老虎，不一定有真老虎，就會感到壓力嗎？「想」會不斷地放大焦慮感，對人造成身心耗損，也影響關係。在這個不確定、有太多的訊息會挑起不安的時刻，有智慧地選擇接收各種四面八方的訊息也是重要的。以疫情為例，當然得知訊息很重要，但是也許不需要這麼多。有意圖地把「正念」帶進來面對這些不斷挑動你焦慮神經的訊息，保留接收發出正確訊息的必要管道，如：疫情指揮中心，各地方政府官方訊息，減少一些政論和新聞過度刺激。有意識地選擇吸收進來的訊息，並留意自己對進來的訊息的身心變化。比如：睡前看新聞，會令自己心跳加快、身體變熱、東想西想、不易入睡。那麼，請慈愛自己，改變一下，睡前不看新聞。

假若在生活中、教養孩子時焦慮升起，也邀請你試著用正念擁抱焦慮，不馬上推開或抗拒焦慮（你越想推開和抗拒的，它會用各種變形方式，如：各式防堵、吞噬行為表現），而是去看見「焦慮」：「它」出現了。帶著好奇，留意一下跟隨著這個焦慮，出現了什麼身體感覺、心情、想法和行為。讓自己暫停一下，友善地照顧自己的身和心，待較平穩後，請試著分辨哪些焦慮是事實？哪些焦慮只是想像？然後，去看見「不加油添帶醋」的焦慮背後，有著想幫助我們事先做計畫、排演、找出各種可能方案和行動避免危險的善意。

當然，要「擁抱焦慮」，你得在不安焦慮浪潮一陣一陣來襲時，能先穩住自己，所以，接下來的正念練習「我看見什麼？」與「愛的深呼吸」，就是提供你在感到焦慮高亢的當口，可以快速照顧和穩定自己。

正念練習24 我看見什麼？

這個練習是當你情緒波動很大時，善用視覺把自己帶回當下，穩定自己。

你可以這樣做：

1. 無論當時你是坐著或站著都可以，感覺一下雙腳踩地，及身體（腳）的重量。然後注意力轉到視覺，望向前慢慢地擴展你的視野，試著掃視地平線，允許你的眼睛慢慢地移動（也可以轉動頭），覺察此時視覺出現的光線、影子、顏色、物件等等。
2. 當看到感到愉悅或吸引你的，請就停留在那兒。在那一刻，非常簡短地對自己描述你所看到的，比如：「我看到窗簾被風吹動得飄來飄去，這對我來說很有趣。」
3. 一旦你對自己描述「看見」後，允許自己的眼睛持續再慢慢地移動，只要看到你感興趣的，就再次停下，對自己描述一下。不用問自己為什麼，也不需探究任何原因，或想物件會如何，就只是看和感覺。
4. 當你這樣做一會兒，你可能會注意到一些身體變化（如：比較深長的呼吸），或者沒有任何的變化，都沒關係，過程只是純粹地進行覺察你看到的。

5. 結束前，若適合也安全就讓自己眼睛緩緩閉上（不適合則眼睛張開也可以），再次感覺雙腳踩地，感覺自己和大地連結著。

6. 等你準備好（如果你是閉上眼就請張開），請持續進行你手邊正在做的事。

這個練習可以立即地舒緩及調節我們的神經系統，生為哺乳類動物，我們有同時保持安靜和警覺的能力。當眼睛慢慢地移動看著，同時通過語言描繪，啟動上層腦執行功能，可以幫助大腦和身體回到當下此刻所經歷的，對情緒波動很大的自己提供安定和釋放。

正念練習 25 愛的深呼吸

1. 把手（單手或雙手都可以）放在心（胸）口，感受一下手掌接觸的溫度和關懷。
2. 此刻，送給自己一個愛的深呼吸。
3. 吸氣時，知道自己在吸氣，同時也把平安吸進來，從心感受，來自手的溫度和關懷。
4. 吐氣時，知道自己在吐氣，同時吐出身體不需要的緊繃和用力，感受由內而生的安然自在感。

5. 放下手，持續給自己愛的深呼吸，透過一次次反覆的深吸與緩吐，感覺身與心慢慢地平靜與放鬆。

練習時，請帶著一個意願提醒自己：把呼吸當成回到此時此刻的錨點。當感覺注意力又被焦慮、恐慌（或生氣）帶走時，請有耐心地一次又一次，不斷地透過對此刻呼吸的感知，溫柔地將自己帶回到當下。當然，這個錨點不一定是呼吸，也可以用身體五感當錨點喔！譬如，感覺自己此刻的腳底踩踏磁磚（木地板）的感覺，也是很棒的嘗試！

以祝福取代焦慮

我說過，身為母親我內心最大的「紡錘針」就是心肝寶貝會身心受苦。當看著（或預想）孩子難過、挫折、孤單、受傷……總會想要做些什麼或還要做些什麼而焦慮著，深怕少做了什麼讓孩子受苦。

曾聽過一個故事：很久很久以前，人類都還赤裸著雙腳走路。有一位國王到某個偏遠的鄉間旅行，因為路面崎嶇不平，有很多碎石頭，刺得他的腳又痛又麻。回到王宮後，他下了一道命令，要將國內的所有道路都鋪上一層牛皮。他認為這樣做，不只是為自己，還可造福他的人民，讓大家走路時不再受刺痛之苦。但即使殺盡國內所有的牛，也籌措不到足夠的皮革，而所花費的金錢、動用的人力，更不知凡幾。雖然根本做不到，甚至還相當愚蠢，但因為是國王的命令，大家也只能搖頭歎息。直到一位聰明的僕人大膽向國王提出建言：「國王啊！為什麼您要勞師動眾，犧牲那麼多頭牛，花費那麼多金錢呢？您何不只用兩小片牛皮包住您的腳呢？」

是的，世上到處有荊棘、岩塊，我們不可能用牛皮把所有的路面都蓋上，但是，孩子可以穿上一雙鞋！

穿上一雙有著父母的「支持」、「相信」、和孩子需要時，不害怕向你請教求助的「安心」為**經**，及有著孩子在生活中面對痛苦經驗時「學習調節情緒」、「學習理解經驗的意義」、「長出不害怕失敗」為**緯**而編織成的鞋。

過度保護以避免孩子經歷困難和煎熬，其實是剝奪孩子養成韌性的能力。人的韌性是從知道有人和我同在一起面對問題的支持感和安全感，慢慢烘焙出來的生存能力。重點不是沒有挫折，而是即使面對不佳的情況，即使仍然感到痛苦，內心卻很踏實地知道——自己是被支持的，那會讓痛苦變得比較可以承受。

做父母真的很難，會有很多忍不住想出手干預孩子的掙扎時刻（如：孩子選了非主流科系），也會有許多不能避開的痛苦（如：孩子生病、在學校突然跑步受傷等），這時候我會試著修習「慈心祝福」陪伴自己的痛苦與焦慮，慈愛自己也送祝福給孩子與世界。

正念練習 26 慈心祝福

1. 請找一個讓自己舒服、放鬆的方式坐好。
2. 很快地從腳到頭掃描（覺察）一下此刻的身體，如果有緊繃的地方，透過每一次呼氣，順勢放掉那裡的一些力量，待準備好，順著自然呼吸，帶進慈心，從心中讀出「」的每一個句子，讓這些祝福的句子滲入你的生命。
3. 首先請你想著自己，心中對自己微笑，並祝福自己：

「願我沒有敵意。」

「願我沒有危險。」

「願我沒有身體上的痛苦。」

「願我沒有心理上的痛苦。」

「願我歡喜、平安、自在。」

靜靜領受祝福的字句，像春雨一樣滋潤自己。

4.

準備好後，現在將慈心祝福送給孩子，此刻在心中想著你的孩子，心中對孩子微笑，並送出祝福給你愛的孩子：

「願你（孩子）沒有敵意。」

「願你沒有危險。」

「願你沒有身體上的痛苦。」

「願你沒有心理上的痛苦。」

「願你歡喜、平安、自在。」

靜靜地觀想祝福的字句，像春雨一樣滋潤著孩子。

5.

待準備好，現在將慈心再擴展，送給所有的父母和孩子：

「願大家沒有敵意。」

「願大家沒有危險。」

「願大家沒有身體上的痛苦。」

「願大家沒有心理上的痛苦。」

「願大家歡喜、平安、自在。」

靜靜地觀想祝福的字句，像春雨一樣滋潤著大家。

6. 最後請在心中謝謝自己，願意用珍貴的時間做「慈心祝福」，這是一份愛的行動。

溫馨提醒：慈心祝福的話語，不一定要完全一樣，你可以自己構思或選擇當下令你最有共鳴的話語進行練習。比如：健康、平安、平靜、友善、感受到愛、充滿慈愛、和平、祥和、自由、智慧、勇氣等等。

慈心是去面對恐懼，面對自己很難、不願意接受的一些人和事的好方法。祝願大家透過「慈心祝福」練習，感受到對自己、對孩子和對世界的愛，也讓慈心祝福為容器，盛裝與安頓焦慮。

5

一段與自己平靜相處的時光

暫停片刻親近自己

大家是否曾有過這樣的經驗，每天早晨睜開眼馬上湧現待辦事項和活動時，常常感到忙碌的壓力而倒吸一口氣。叫小孩起床、做早餐與便當、送孩子上學洗衣服、收發郵件、看新聞、趕上班……事情多得不得了，覺得快快做完就輕鬆，但是真相卻是解決一件又來一件，不斷地忙碌，使得自己心浮氣躁，內心花園枯竭，沒能量仍要撐著一直做下去。然後，心更煩躁，事情彷彿更不順了。

自己不順，事情更不順

身為父母（尤其是媽媽們），很多時候一直應付層出不窮的事，總是提醒孩子、家人要注意這個注意那個，總是習慣滿足外界的需要，而忘了先親近和照顧自己。其實，父母更需要花時間精力投資自己：認識自己、了解自己、聆聽自己的心的呼喚。因為**這個自己**是扮演父親、母親、妻子、先生、女兒、兒子、老闆、員工等眾多角色的核心，是**這個自己**在感受、在詮釋所有的生命與日常生活，更是**這個自己**在照顧孩子和家人。如果**這個自己**因為各項事務而煩躁、心不平穩，如何安穩地扮演各式角色呢？

一行禪師認為「**這個自己**」是每一個人的「**家**」，這個家由我們的身體、感受、情緒、認知和意識所組成。這個「**家**」的領土很遼闊，而我們自己是管理領土的君主，正念可以幫助我們回到自身的家、回到自心的家，照顧好我們的身心。我們每個人都有正念的種子，但是常常忘記灌溉它，「暫停片刻親近自己」就很重要。

設定你的正念鐘聲

這幾年我在台灣和大陸舉辦的正念兒童、青少年和親子成長營中，有所謂「正念叮夏聲」的默契（叮夏是一種樂器，敲擊後會發出清脆的聲音），當叮夏聲響起，無論大人、小孩都練習來自內在的安靜，就是自己主動暫停下來。把注意力帶回自己此刻的呼吸，也回到自己「家」，安頓自己，重拾清新，再開始活（行）動。好幾次我親眼看見，因意見不合衝動想打人的孩子、等不及一直要說話的孩子、緊繃的青少年、一直要控管孩子的父母，因為暫停親近自己一下後，較為緩和下來之後，能看見更多自己和環境的訊息，能選擇不同的方式和自己、和同伴或與孩子相處。生活中，我也在手機上設定了「正念鐘聲」，它深刻地幫助我：在全身很用力寫稿、眼睛一直盯電腦、一直坐著時，能暫停片刻親近自己，鬆下肩、眼睛看看遠方、正念地呼吸一會兒或走一走，身心舒緩後，頭腦變得更清晰，並且堅定且溫柔地持續推進書寫進度。我確實體驗到，「回家」對人的身心健康與關係有顯著的影響力。

在你忙個不停的生活中，也可以設個屬於自己的「正念鐘聲」，比方說：手機鬧鈴、遙控鎖聲響、喇叭聲……感覺煩躁時，提醒自己暫停片刻親近自己、呵護這個自己。「自己」需要你正視他、愛他，需要你的滋養。給自己暫停片刻，不一定需要很長的時間，即便靜靜地沉澱幾秒，當你的內心平靜，雖然持續忙碌著，心卻可以快活和清明。

本書的各式正念練習，包括接下來介紹的練習都能成為你「回家」的好幫手，你可以依時間、需要、適合度來選擇，不過，得願意付出行動進行練習，才能感受到練習帶來的效果。

正念練習27 親近自己（配合「聲音導引」練習效果更佳）

請掃描

只要你願意，找到相對安靜的地方，就可跟隨「聲音導引」進行這個簡短的練習。

1. 先找個能坐得舒服的地方，無論席地盤坐或坐在椅子，雙腳自然著地都可以，雙手手掌自然垂放在大腿，腰椎輕輕挺起挺直，雙肩放鬆，若合適可以輕輕地閉上眼睛。（雖然指引是以坐著的方式進行，若對你來說站著是合適的，你也可以選擇站姿進行。）

2. 邀請自己的注意力來到腳底，感覺重力和接觸感，如果這時候念頭跑到心煩的事、或是出現評價、好不好、對不對，沒關係這很正常，只需要溫柔地將注意力帶回腳底來感受。接著感覺其他身體的接觸面，如身體和椅子接觸臀部和背部，再到雙手臂及手掌，感覺一下身體這些部位。

3. 把注意力帶到呼吸，你可以試著從肚臍、胸口、鼻子感覺一下呼吸，然後找一個部位感覺呼吸進出一會兒，吸氣感受氣息進到身體裡，呼氣感受氣息流出身體。

4. 注意力從覺察呼吸移轉到注意整個身體，你可以從頭到腳很快地感覺一下。注意並覺察身體各部位的感覺，是否有哪個部位感覺特別明顯，如果有任何緊繃，試著用呼吸陪伴它一會兒，體會有無變化，若需要也可以選擇對緊繃的部位做些合適的姿勢調整，在有意識地小幅度微調中也靜觀變化。

5. 將注意力帶到耳朵，去聽聽此刻的聲音（聽外面的，也聽身體裡頭的），也許有喜歡和不喜歡，試著放掉判斷，就只是聽音起音落直到聲音消失。

6. 現在，請試著在剛剛注意力指向的錨點，找一個適合當下且自己容易做到的錨點，也許是腳底，身體的接觸點，手，呼吸或聽覺等。把注意力放到你選擇的錨點一會兒。

7. 等你準備好，接著溫柔地展開注意力到全身（從原來的錨點擴展到全身），體驗全身呼吸一會兒之後，如果你這時眼睛是閉上的，可以慢慢張開眼睛，微微動一動身體，帶著覺知起身，接續自己接下來要做的事。

當然，如果沒那麼長的時間，你也可以很快地深呼吸幾次、或細數周邊物品的顏色、聽到環境出現的三種聲音、聞一下空氣的味道等方式，回到當下，用些簡單方式親近（照顧）自己一下。例如：感到緊繃，可以試著吸氣讓雙肩用力往上提，呼氣放掉雙肩的重力放鬆下來；感到挫折沮喪時，找個地方坐下，感覺自己雙足踩地、感覺自己從尾椎之處一節一節挺直腰部與脊椎，呼吸一會兒；心跳快速，呼吸急促，彷彿突然聽不見環境的聲音時，可以用力踩踏雙腳，感覺雙腳往下踏的力量和接觸地板的觸感；生氣想衝動傷害自己和他人時，感覺一下手的溫度、張力等等。

暫停片刻親近自己，是提醒和「這個自己」身心連線，就像為自己這艘船下個錨，即使不小心偏離航道或波濤洶湧，讓身體感官、呼吸成為你的定錨，跟自己的內在連線一會兒，不在忙亂中迷失，這會幫助你安穩在當下，清晰地看見周圍的人事物，再開始航行。

給自己無所事事的休息時間

不知道大家有沒有過這樣的時候或者看過這樣的人：認為要將清醒的時間全部投入有生產力的事，才覺得不算浪費，一閒下來就心慌、有罪惡感，老是想找事做，填滿行程。

我有個學生就是這樣，令人心疼。在輔大全人教育「適應與心理健康——正念減壓」的課堂中，這位學生的反思作業提到：「我成績很好，但是常常失眠、也經常胃痛，我感覺我很難放鬆，和同伴在一起玩的時候，很羨慕別人可以自在安心地快樂玩耍、夜唱……但我都會莫名地有股緊張感，我從小就很怕自己表現不好、沒價值，怕自己放鬆就會跟不上、做不好、做不夠。所以，我坐捷運的時候，會抓緊時間多背些英文單字；吃飯的時候，要讓自己聽點東西、吸收知識和新的訊息；就連看個影集，也要反覆斟酌，對我有用才行……我感覺自己好像不能容忍將時間花費在一些沒有價值的事情上，一旦可能不小心做了一些我覺得是『無用』、『浪費』的事情，比如在沒有課的早上多睡了一個小時，就會產生一種焦慮和罪惡感……」

「有用」的代價

從小到大，也許很多時候，我們都被訓練（或自我訓練）要全力去做「有用」的事，才能達成目標。而當我們不知不覺一直要達成某某目的、目標，要有所為地「工作」才有價值，在「休息無所事事」的無為狀態，就覺得是浪費時間的模式過生活，久而久之，這種休息、遊戲就是「浪費」的概念，像牢牢捆綁著心的緊箍咒，不做點什麼，就無法安心，只要無所事事就如坐針氈，雖然，達到了些許目的和目標，但是身心健康也付出了不低的代價。

在親職教養臨床工作中，我發現一直要「有用的工作」才有意義和價值的態度，也讓許多父母和孩子受苦。君賢是個活潑好動的小學二年級男孩，每天下課後的生活被安排得滿滿的，英文、數學、足球、科學、寫作……每天一個又一個的學習行程。君賢的父母在工作之餘也安排許多精進自己「工作能力」的課程，彷彿不用學習或工作填滿自己和孩子的時間，就會浪費生命。只要看見孩子一直做非課業的遊戲時，就忍不住責罵，催促他快去做功課。學校老師長期向父母抱怨孩子上課時總是動來動去、一會兒玩橡皮擦、一會兒玩玩具或逗弄同學，很干擾學習，父母很傷腦筋。

當然孩子上課動來動去，有許多生理、心理和環境的原因（如：累、熱、注意力弱、沒興趣、太簡單無聊等等），但是有一個「忙碌上癮」現象可能也是很多孩子靜不下來的原因。什麼是「忙碌上癮」呢？

就是所做的事要「有用」，要能獲取到價值、要達到厲害的程度、能滿足自己等，覺得要往被注意、我掌控、有事忙的「目標」行動，才有力量、才會有精神。在這個習慣下，大腦建立一個「堅強」的迴路：「朝目標的行為」→「得到犒賞」（認可、自信、控制感、快感等）→「習慣」（愛上忙不停的瞄準目標、追求、奮鬥、耗能）→「忙碌上癮」（一直讓自己處在高度目標驅力衝動的生活模式，停不下來）。

許多孩子的「動來動去」、「老是出狀況」、「停不下來」，往往是受到大人或環境設定太多規則、太多行程和活動，要求他們一定要做什麼、必須做什麼、不能做什麼，要求大量（或全面）進入「目標活動」和「奮鬥」模式的影響，大腦習慣一直處於高度目標驅力衝動的迴路，只要感到無聊、沒有刺激的活動，就等不及了或感到無趣。這就是為什麼有許多孩子出現搗蛋、手遊、電玩等等的「忙碌上癮」，沒辦法停下來享受「安靜」，品嘗安全、不強求、活在當下，以及跟自己和環境展開好奇與連結。這個忙碌上癮也包含前面那位大學生的休息焦慮。

休整、沉澱同樣是重要的能力

當然為了追求目標而行動和奮戰，這想法並非不好，人本來就會有一個驅力，這是自遠古以來基於「生存演化」的需要，如：需要更多的食物、更強的保護設施、更高的地位等等，才能生存下來。於是，驅動我們要獲得更高的成就和更多資源。但是，如果生活模式都被這個驅力占滿，一點點「沒目標的休息」就彷彿會有立即威脅時，那麼壓力荷爾蒙濃度就一直處在高點。這也就意味著，我們一直高度訓練這個「忙碌上癮的大腦迴路」。

其實，要能身心健康地「生存下來」，平靜、放鬆、寬心、撫慰、活在當下、連結的需求也需要被滿足以及被發展。這個「自在享受當下」的能力，若被「要有用的作為」一直壓制，缺乏練習和培育的機會，就會深深影響身心健康與幸福感。

過多行程和活動，忙不停、一定要有事做的「忙碌上癮」，讓人（孩子）忽略自己當下的身體、情緒和需求，難以在當下安適地連結自己和環境，一直處於待機與耗能狀態，傷害了身心。

因此，學習並練習在生活裡留一些不做任何規劃、安靜獨處的時段與空間，讓自己什麼也不做，只處於休整與沉澱的無為狀態，對自己和教養孩子都是很重要的。

給自己一個獨處的寧靜時光，關掉所有電子設備，泡杯茶或咖啡喝，聽聽自己喜歡的音樂，自由地書寫、畫畫，伸展身體，雖看似無所事事，但一點也不空虛。單單與自己相處，在其中體驗屬於自己的內在沉思與反省。

給自己一段特別的一個人的時光，當我們親身體會獨處的神聖，能培養自我覺察和反思的能力，我們就能自在地支持孩子也有其獨處無為的時光，不再焦慮於排滿行程，而孩子也會學習到能自在無所事事的玩遊戲，自在地安靜獨處。

正念練習 28 無所事事的休息

就讓自己靜靜地不做什麼地和自己獨處。

建議你可以每星期空出半天或者幾個小時，給自己無所事事的慵懶時刻。這個無所事事的時間不安排任何「有用」的活動，關掉所有電子用品，只是處於當下。

比如：獨處步行，看看天空，享受大自然滋養。沒有特別要去的地方，只是一步一步地正念步行。走路時知道雙腳正踏在大地上，感受腳下枯葉清脆的聲音、微風拂過皮膚的感覺、眼睛看到的花朵樹木石頭或遠方雲朵，無論當下看到、聽到、聞到、接觸到什麼，就去感受。打開感官感知周遭一切，不需要達到什麼目標，就只是存在當下，活在當下，無所事事地僅僅欣賞我們自己和周圍的一切。

我喜歡在大自然中無所事事行走，我也常常收到大自然給我的「當下禮物」。鳥、風、花、雲、雨、山、湖、空氣、樹、蟋蟀、青蛙、河流、山嵐、陽光……天地間有許多不可思議的療癒力，讓大自然的豐盛滲透到內在，開啟本來就存在的智慧。

當然，也可以練習前面曾做過的「正念練習」，或讀一直想閱讀的書、寫封信給朋友或家人，或者就只是安靜的坐著。全心全意地休息獨處，領受大自然和無為的洞見所帶來的禮物。

世界越快，心，則慢

我們的生活中，追求速度與效率，交通工具要跑得更快，購物要更快出貨，人與人之間的傳達也得快……雖然快節奏帶來了便利生活，但凡事求快所堆疊出來的生活習慣，卻也讓人吃到苦頭。

吃飯時，得快速回覆訊息……久而久之，胃生病了。身體不舒服，快速吃各式止痛藥……結果身體用更大的病痛反撲。心情不佳，快速卸除、壓抑……積累更強大或更混亂的情緒。溝通時，想快速陳述自己的觀點，習慣打斷他人說話，反而造成溝通不良、關係緊張。教養時，希望孩子快到、快去、快做、快改，於是不自覺快速控制孩子的衝動教養行為（如：罵、打、嘮叨、指責、批評、建議等等）……最後破壞了親子關係，甚至解決不了問題，變得更難以處理。

心能慢下來，也是一種能力

記得有次在Netflix看到《怦然心動的人生整理魔法》，是一部記錄作者近藤麻里惠到府指導的影集。其中有個年輕夫婦養育兩個幼兒，家中大量用品因為忙碌就快速和隨意擺放，一天一天累積下來，終於家中衣櫃滿到快溢出，廚房堆滿雜物，生活品質很糟，甚至影響夫妻的情感。

在麻里惠介入幫忙屋主的過程中，令我感動的是她並沒有幫屋主快速擬出計畫，要屋主立刻展開整理行動，而是在處理問題之前，先靜下心慢慢地與房子打招呼，然後帶著夫婦在堆積成山的衣物中，邀請他們用心和每件衣服、各式物品對話。傾聽內在的聲音，透過慢慢聆聽，留下令自己怦然心動的衣物，而對於要捨棄的衣物則先花時間與它們相處一下，誠心感謝它們之後，再歸納至廢棄物袋子中。

雖然，「心慢下來」一件件處理花了不少時間，但卻看見屋主因此而能「快速」地做出最佳決定，省去躊躇而衍生的代價——過多、雜亂和心煩。屋主經過這怦然心動的選擇、決定和行動的過程，簡化生活也提升了生活品質，找回了幸福感。

在變化快速的潮流中，在面對身心、生活、工作、學習、親子問題時，給自己沉澱的時間與空間，經由反思、沉澱、精粹，也許會發現達到目標的捷徑。欲速則不達，很多時候越快的越慢，而越慢的反而越快呢！

很多人或許會說：就是事情太多才會慢不下來啊！在推展正念家庭、正念親職教養系統等工作時，也常常聽到父母說：「我忙都忙死了，要顧小孩、做家務、還要應付工作，根本沒有時間慢下來！」

是的，有時候有些事情真的沒辦法慢慢來（如：趕赴機場），但是「心慢」並不等於所有的動作都得慢，**「心慢」是即便在快速作為時，也能保持心在當下的正念行動。**

身為父母，各種擔心、失望、緊繃、生氣、心痛、衝突、歡笑、成功與壓力，就像海浪一波一波襲來，時間真的常常不夠用，身心也精疲力竭。但是，別忘了身為父母是需要高度能量和智慧的，越是在心混亂時、越是時間不夠用或覺得根本沒時間時，就越是需要練習「心慢」，從培育正念中感覺到滋養、清晰和平安，展開智慧的行動。

世界越快，心，則慢！只要你願意，就算每天只練習幾秒鐘的正念培育，也能體驗到心放慢、專注當下的益處。

正念練習 29 心慢

生活起落間，身邊各種愉悅、不愉悅或中性的事與活動，包括讓我們分心的事都可以是我們練習「心慢」的對象。

從廚房走到小孩房、滑手機前、喝茶、洗碗、等待電腦轉換畫面、等紅綠燈、排隊結帳、上廁所、刷牙、梳頭等等時刻，只需帶著意願，刻意覺察和品味當下正在發生什麼，內心試著不跑到過去和未來紛亂嘮叨，邀請「心慢」跟隨著此刻的自己。

可以從選一個活動開始，然後慢慢延伸到更多的家庭例行雜務以及與孩子的相處。例如：吃東西時，覺察自己如何使用雙手把食物放入口中，食物入口時的觸感與味道，咀嚼時的味道和口腔內的變化，吞嚥的生理和心理感覺。

做家事時，如何活動身體？工作時每個小地方發生了什麼？做的過程和完成當下，身心有何種感覺和發現？

走路時，知道自己正在走路，感受腳踩踏在地上，雙腳和身體如何行走著。

用一分鐘覺察自己的呼吸，只要有機會就感受一下自己正在呼吸，深深地吸，緩緩地吐，透過呼吸慈愛與調節自己。

當你接小孩或在銀行、超市排隊等待時，覺察全身上下，有無緊繃或過度用力，若有就試著放鬆緊張的肌肉，並調節不舒適的姿勢。

注意聽孩子（別人）說話，在要開始說話前，暫停一下，留意自己的念頭，覺察是否有想批判的論斷，如果有，先緩一下不說出口，再觀察對話一會兒，不急著打斷孩子（別人）說話。

把注意力放在此刻，不著急做下一件事，心慢下來和自己對接一下，不但會讓自己的內在有更多覺察，也打開所有感官感知周遭，包括微風吹拂皮膚的感覺、腳踩踏大地的重力感、耳際的鳥叫聲、樹葉沙沙聲，感受所有看到的、聽到的、聞到的……你會發現並訝異，很多時候我們習慣頭也不抬地快速行走，沉浸在想法中或只注意小範圍的感知，錯過了許多美妙的景致、聲音與花草樹木的清香。

若可以，也邀請你展開創意，在生活中找出不曾注意過的小地方做練習，比方說欣賞孩子睡覺的樣子，與寵物玩、澆花等等都行。總之，不論身在何處，在做任何事，就在當下邀請心慢下來。

慢下來的優雅

當然，日常生活中仍有需要你快快行動的事，但請記得自己有一個內在空間可以慢下來覺察和休憩一下。而有機會時，請刻意地常常讓自己回到「慢」。「慢」有其優雅之處，在慢中咀嚼生命比在快中咀嚼生命更有味道，五秒鐘喝完一杯茶，跟五分鐘喝完一杯茶是不同的，這五分鐘裡多了你給喝茶這件事更深的體驗。心慢下來能享受當下隨時出現的特殊時刻，慢下來，豐富了生活體驗，也得到更多洞察。

平心靜氣順應變化

當父母就像是在練功，在解鎖與挑戰自己的極限，面對孩子各式各樣的突發事件，嬰兒吐奶、打破水杯、精神旺盛不睡覺、突然生病、下雨天吵著一定要去公園玩、學校通知孩子跑步跌倒受傷了、考試成績下滑、另一半加班無法準時接孩子放學……每件事都讓人倍感壓力，也考驗著自己隨機應變的臨場反應。

除了當孩子的超人特務爸媽，回到自己的其他身分，例如工作環境中也有非常多不確定因素，攪亂了生活：突然通知要加班、臨時接到出差任務、父母身體微恙、工作KPI還差一大截、跟同事起衝突……

放棄抵抗、允許變化

好像生活中所有的一切都亂了步調，沒辦法按自己習以為常的條理秩序進行，以為可以控制的計畫被不停地打亂，想要的、喜歡的都不會馬上發生，而不想要的卻頻頻出現，時常出現焦躁不安的情緒，有時候甚至覺得好懊惱、不知所措，焦慮得不知該如何是好。

這些一湧而上的負面情緒，一件件堆疊，像骨牌效應般帶上衝動反應，口不擇言罵人、失控動手打人或摔東西，歇斯底里哭鬧……不在乎方法好或不好，就是想快點結束這些突發問題，殷切期盼讓生活回到自己期待的樣子。

但總是事與願違。當我們越想控制時，越容易失控，心情也隨之受影響。我經常聽聞許多父母，因為太想控制孩子而時常在緊繃狀態無法放鬆，連帶也影響自己無法正常用餐與上洗手間。

身為父母，我們得學習平心靜氣、順應變化，不論是自己或是孩子的人生，我們面對的所有情況都不是靜止不動的，舉例來說：工作業績第一名，不代表每次都能得第一名；孩子這天回家能很快寫完功課，不代表每天都會如此。

孩子是有機的生命體，不斷地在變化，若是當父母的總認為「我一定可以掌控情勢」「我一定可以讓情況不變」，這只是在讓自己受苦，更容易讓自己走入高控制性或高情緒性的教養行為，對幫助孩子走向健康與自主負責是極其不利。

面對突發事件擾亂了原來的計畫和安排時，一起練習放掉「一定要如何」的想法，允許變化出現、允許各種可能性的來到，讓「允許」的溫和力量打開心的空間，當心有了空間，我們就能看見更多可能性。有更多可能性就會有更多選擇，而不會只剩骨牌效應下的衝動反應。

放開抗拒變化的心，並順應變化智慧行動。如：帶著孩子安全處理碎杯子，一起研究怎麼發生，透過打破杯子學到什麼……親愛的爸爸媽媽，請相信自己有深深的智慧，可以順應生活中的變化，在突發狀況來臨時，試著給自己一個暫停，與自己的身心相處一會兒，平靜應對這些意外狀況。

接下來【正念練習30】停．看．聽．行，希望能支持你在面對突發狀況時，打開心的空間，平心靜氣順應變化。

正念練習30 停・看・聽・行

第一步先「停下來」：無論什麼突發事件出現，請先停下來！短短的0.5秒也行，給自己幾個深呼吸。第一次或許很難，但是隨著有意識的反覆練習，我們會逐漸做到透過呼吸暫停一下，不馬上做出反應。

第二步請「用心和眼看一看」：覺察此時此刻，突發的狀況導致身體有什麼感覺？例如：肩頸脖緊繃、胃或腹部緊縮、頭腦鼓脹和充血發熱……此時什麼情緒正在出現？煩躁、焦慮、擔心、懊惱？……而又有什麼念頭跑出來？像是：都是我不好、你們都和我作對？讓我們看見並覺察當下身心出現的所有感覺、情緒與念頭。

第三步「專注地聽、感受此刻的呼吸」：專注覺察此刻的呼吸，吸氣時知道自己正在吸氣；吐氣時知道自己正在吐氣，毋須刻意控制呼吸，只要單純覺察此刻這個呼吸是長、是短、是深、是淺，而呼與吸是如何交錯出現？感受呼吸隨時都在變化的過程，試著順著呼吸變化，體驗每一個呼吸都是新的開始，讓自己和呼吸全然在一起一會兒。

第四步「接收當下訊息做出智慧行動」：展開所有感官去覺察當下所有的一切，並如實的承接，不給予突發事情加油添醋，舉例來說，「孩子現在打破杯子vs.孩子故意打破杯子」；不給突發事件額外的力量，如：我實在不是好媽媽，居然讓孩子不小心打破杯子，孩子受傷怎麼辦。

放開抗拒變化的心，順應變化做出智慧行動。如：帶著孩子安全收拾碎杯子，一起研究怎麼發生，透過打破杯子能學到什麼……等等。

我知道是非常時期，但我快抓狂了

「停．看．聽．行」是從安穩自己開始，再面向教養。接下來與你分享面對變局時，應用「停．看．聽．行」的實例。

COVID-19疫情三級警戒時期，許多家長怒吼：「我抓狂了！」那陣子我在臉書看到，身為老師的朋友貼了一個女孩躺在地上哭的圖文：「線上課程開始前一切都還好，一歲半的孩子還能跟大家打招呼。但十分鐘後就開始攀爬到我身上大哭，扯掉我的麥克風不讓我說話，我數度中斷課程，我也很想一起哭……同學一邊上課還一邊幫我哄孩子。最後我只好把孩子放在地上任其哭鬧，我繼續上課，慘透了！」她幽了自己一默，但也說出了為難。

居家防疫期間，許多爸媽不得不一邊辦公一邊育兒，相信你也對於工作會不斷被干擾、需要不斷因應變化，相當有感。

正念教養課也因為疫情轉為線上，有位學員提到：「我越是想控制好、弄好，越是出現各種干擾，好無奈！」並提到這種無法掌控、無法完整按照原來預期的感覺，像海浪一波一波襲來，煩躁地令人崩潰。然後，咆哮、怒吼、尖叫，或者連自己都意外的責罵孩子字眼一一現形。「我知道孩子不是故意的，他需要我幫忙！吼孩子我自己也不好受……但是，我就是忍不住！」

是的，身為父母無論是在疫情時期或平常日子，真的會有許多被打斷或非預期的變化要面對，真的很不容易也很辛苦！

家是家人的安全堡壘，面對疫情帶來各種不安與不便的挑戰，父母如何面對「干擾」和「變局」，關係著堡壘的穩定，也示範及培育孩子如何因應「不順心」、「快抓狂」的情緒。當然，父母並不是鐵打的，突然增加的育兒、伴學、家務如潮水般湧來，再加上得一邊辦公，身體總會有累的時候。

父母是安全堡壘的提供者，如果父母身心感到不安全，自然會緊縮防禦或攻擊，很難輸出安全。因此在情緒激動（煩躁）的時刻，父母更要好好關照自己身心，與自己情緒同在。在孩子出現各種「干擾」時，給自己足夠的心理空間，消化情緒和看清楚情況，才能有機會看到更多的選擇，對自己和孩子進行愛與智慧的行動。

情緒失控前的調節

在正念教養線上團體課，大家一起練習當「干擾」出現，感到情緒快失控時，透過各式正念教養練習，先停下來照顧自己，調節自己，打開覺察和心理空間，有選擇的行動。在此分享幾個小行動，希望助益大家。

先這樣做照顧和調節自己：

1. 深呼吸，數到十，若需要可以停下來讓自己喝口水，感覺水如何入口，進入自己身體裡。
2. 為此刻的情緒取個名字，如：這是煩躁，然後觀察一下這個煩躁在身體哪個地方最有感覺，識別出它是什麼。如：胸口悶、肩緊繃等等。
3. 帶著善意關懷一下身體，就像你對待受傷的小嬰兒那樣溫柔與慈愛。伸出溫暖的手，慈愛地撫觸自己的胸口或肩膀，對自己說：辛苦了，我知道很難受，沒關係，沒關係！

再試著這樣打開心理空間：問問自己如果「不需要控制一定要怎樣」會如何？

就好像你沒辦法控制環境完全靜音，總是會有各種喜歡的、不喜歡的或者中性的聲音在其中，如：冷氣機、鳥叫聲、下雨、車子經過、工程施工等各式各樣的聲音，但你仍然可以把那些聲音當成背景，持續進行前景：你正在做的事。

處理孩子干擾的小技巧

孩子總是活在當下，那些干擾也許只是孩子提出「我需要你的陪伴！」「我需要你幫忙一下！」的方式，就在當下彈性調整，允許自己向學生、同事或主管提出需求，回應一下此刻在你面前的前景——孩子。然後再把前景轉回到公事，也持續允許孩子在背景中。

若不一定要控制，不一定如何才是對的，相信自己可以隨順變化，可能性就變大。此刻再望向焦躁的感覺，也許就已變得沒那麼焦灼了。

你可以這樣試著處理孩子的干擾：

1. **事前預備**：和孩子一起商量，當你工作時有什麼事可先安頓好，如：線上課的程序、電腦、點心等等，孩子就能單獨做一些事，如：上線上課、閱讀、聽故事、畫畫等。在會議前也先告知參與者，你需要同時關照孩子，可能孩子會在過程中出現，請大家見諒。若有共同親職或照顧者，可以協調一下，在你需要的工作時間時，由他承接照顧。

2. **干擾當下：**允許自己暫停一下處理孩子。確認孩子狀態：怎麼了？需要我幫什麼？也明確地表達：我沒有忘記你（對小小孩抱一抱），現在需要工作一下，結束後再找你喔！

若你必須一個人照顧小小孩，而小小孩又很需要安撫和注意，我的朋友分享了個小技巧：把孩子融合進來。抱著哭泣的小小孩說：「媽媽現在和鏡頭前的大哥哥大姐姐上課喔！」試著帶孩子和同學一起上課互動，帶著同學了解，這就是每一位媽媽在你們小時候都會碰到的困境，必須要照顧大家，同時又得做自己需要做的工作。老師今天示範在每一個當下，正念上課也正念育兒，不也是一種很酷的教學方法嗎？

心量加大，平靜就來

也許因應著「變」會有些不舒服，需要放掉執著和延宕想望，也需要處理麻煩的事

（如：小孩吐奶、打破杯子、整罐沐浴乳倒入浴缸玩泡泡……等），這些意料之外的不舒服，若能帶著覺察「停、看、聽、行」，你會體會到打開心的空間後的廣闊感。也許，不舒服仍然存在，但是心有空間能關照並收納這些不愉悅和不舒服，能打開清明的視野看見更多訊息，幫助你選出合適的行動關照自己和教養孩子。

就像將一匙鹽放入10CC的水杯，水是濃鹹，當這匙鹽加進湖水中，湖水涵容鹽，也消融了鹹。「停、看、聽、行」讓你「心的空間」從10CC的量體，拓展成大湖。當心靈像湖水一樣清澈、像天空一樣開闊、像海洋般廣大，平靜就隨之而來。

正念練習31 山的靜觀（配合「聲音導引」練習效果更佳）

請掃描

當然，平心靜氣順應變化的心靈是需要培育的，「山的靜觀」練習將會幫助我們強健平心靜氣順應變化的心靈肌肉。請你找個不被打擾的空間和時間，安靜地聆聽聲音導引做練習，或者閱讀下面的說明，引領自己進入山的靜觀：

1. 這個練習是透過對山的意象，看見山的特性，引發覺察在你的內在也有這份山的實在、穩定、靜觀變化的品質。

2. 請找個不受打擾的時間和空間進行練習。任何姿勢都可以，若可以建議採坐姿練習，因為坐著的身體和山的形狀有相似之處。找到舒服、穩定、合適的姿勢，就讓身體安靜下來。

3. 準備好時，請浮現你曾去過的、或電視書報上看過的山，請你感受一下這座山的形象，感受自己就像這座山穩穩坐在大地之上。下半身（腿和骨盆）變成山堅實的底座，根牢牢地與大地相連，脊椎成為山的軸心，軀幹和手臂是山的兩側斜坡，頭和肩膀是雄偉的頂峰。感受整個身體就像山一樣，穩定、莊嚴、溫柔地坐著。

4. 像山一樣的看著世界轉換和改變，看著日出日落、天氣變化，看著翠綠的夏、楓紅的秋、颯寒的冬、百花的春，看著山間遊客和動物來來往往，山因應著各式各樣的變化，依然沉穩坐著。

5. 感受自己就像山一樣坐立著，無論風雨陰晴、無論物換星移、無論世事交替，依然屹立穩定、靜觀變化。

6. 連結自己內在那份山的本性，即便周遭不斷地轉換與改變，即便有各式干擾、風暴、挑戰，你依然可以屹立穩定、平心靜氣順應變化。祝願你保有山的永恆智慧。

〔山的靜觀練習〕反思

就像四季、天氣、雲朵與自然的變化，你我與孩子的身心也都是時刻變化著。孩子不會一直都很可愛，如果接受事實會怎樣呢？孩子也不會一直都在哭鬧，如果接受他（她）會如何呢？身為父母的歲月是苦樂交融，試著接受它會有何變化？

平心靜氣，是一種允許、接納、耐心、無分別、放手去感知生命當下正在發生的種種，像山一樣的毅立穩定、靜觀變化去因應「麻煩困難」的不愉悅，不耽溺和緊抓住某些愉悅的事件。

順應變化，並不是要喜歡所發生的事情，或只能消極順從，也不是投降和屈服，更不是對生活的變化漠然，而是允許和承認已經發生的事就已經發生，每一刻都是嶄新的，在當下平衡地順應變化就好。

變化是唯一的不變。允許變化，放棄對掌控的幻想，相信自己可以水來土淹、兵來將擋，我們不需要完美，只要足夠好就好。

欣賞當下的平凡與美好

二〇二〇年東京奧運，台灣奪下二金四銀六銅，創下史上最佳成績，柔道項目楊勇緯拿下六十公斤級銀牌，也是東奧的第一面獎牌，舉國喝采。那天，在電視上看到一名年輕記者正在採訪街頭民眾，如果我沒聽錯他是這麼問的：「就差一點金牌到手，會不會覺得好可惜只拿到銀牌？」

也許記者感到遺憾，但我想和大家聊聊的是那名年輕記者的「好可惜」、「只拿到」的用語中，透露著什麼想法在背後呢？

「好可惜」是一種不滿意、希望更好、不接納此刻狀態，而「只拿到」的語境隱含了如果不是「頂尖出色」就覺得沒意義或沒價值。也許是第一名才出色、才會被看見等等生活經驗深植在記者身上，才會冒出這個用語。

否定平凡，就得承擔不平凡的巨大壓力

一位讀國中的青少年，花很多時間投入學習，在國二前功課不錯，全校排名都在五十

名內，因為想再往前進到三十名內，所以要花更多時間讀書寫評量，只要和成績無關的事，如：打掃房間、幫忙洗碗、和家人出門踏青、假日回爺爺奶奶家等等，他都覺得是浪費時間、沒有價值和意義。

這樣全力以赴地「讀書」，在升上國三的第一次考試，卻掉到五十名之外。他非常不滿意自己的表現，因此要求自己每日讀得更晚。但成績並沒有進步，名次反而更加退後。於是，他又花更長的時間重複做習題，腦袋總想著：「為了要進第一學府，成績要更好更出色才行！」久而久之，開始失眠，上課沒有精神，注意力沒辦法集中，惡性循環下，身心受不了，只好休學。

青少年的父母是牙科醫生和音樂老師。在親職會談中表達出自責，也很後悔從小灌輸孩子「要做就要做到最好」、「要常檢視自己還有什麼地方要改進」、「你不傑出就沒有機會」等等觀念。如今，只想孩子安於平凡、不用一直在意名次，快樂上學就好。

父母想要孩子成龍成鳳是很自然的期許，但是在當父母的過程中，我們都得學習不要否定平凡。因為父母一旦否定或不接受孩子可以平凡，那麼孩子就得承受並保持必須傑出、必須不平凡的巨大壓力。

「平凡」並不是放棄努力，而是踏實地知悉自己，能在當下健康地、覺知地、完整地、整體性地生活。但是，很多時候我們人在此刻，頭腦卻一直跑離當下，不滿意、不接受此刻的「平凡」，一直都在尋求某種不凡，總是試著要成為某個特別的人，總是害怕沒沒無聞，害怕面對真實的自己，試著用任何東西來填補那個內在的空缺，無法腳踏實地生活。

當一個人無法接受平凡的自己，常常也會無法欣賞與珍惜當下平凡的生命瞬間。日常生活中，常感索然無味，不斷「要」和「想」追求更大、更好、更有價值、更刺激、更快速、更美、夠耀眼、能被讚美的東西，覺得平凡平淡毫無意義。而在教養上，過度要孩子追求不平凡，代價就會是孩子將失去本真，無法對生命本來的樣子泰然處之。

珍惜平凡，享受獨一無二的人生

如果孩子是一個能珍惜與享受每個平凡的瞬間，如：早晨初醒，陽光灑在枕頭的晨光；雨落下的滴滴答答聲；淋浴時從蓮蓬頭流瀉下來的溫暖水流；展開新書閱讀的喜悅，和聞到新書的香味；寫作業時，手握著筆的感覺，聽見寫字沙沙的聲音；和同伴一起聊天玩遊戲的時光……那麼相信孩子也會是能欣賞自己，悅納自己的身形、身體現狀，以及欣賞自己學習狀態的人。

能把注意力放在當下，不好高騖遠或短視近利，不被別人的期待框住，這樣自在的心靈，會讓孩子能享受自己的平凡，也能輕鬆地專注看見，找到從自己內在而發的目標和想望，進而為自己踏實築夢，成就平凡且獨一無二的人生。

欣賞當下的平凡與美好的能力，需要刻意培育，這是由於為了求生存，大腦有個預設模式，喜歡優先掃描、記錄、儲存、回想並回應可能出岔子和發生壞事的經驗。負面的經歷就像魔鬼氈，正面的經歷卻像不沾鍋。即使正面的經驗比負面經驗多，負面的無意識（又稱內隱）記憶還是會增加得比較快，接著「自我感覺」的調性很快地會轉為沒來由的愁悶與悲苦。因此，有意識、有意願地練習「欣賞當下的平凡與美好」，大腦才不會時時刻刻「自動導航」到負面經驗，而忘了看向也同時存在的平凡與美好。

父母若能從自身開始，在生活中欣賞當下平凡的美好，相信孩子會在耳濡目染中學習到這份感受幸福的能力。

在此提供培育「欣賞當下的平凡與美好」兩個小練習，大家可以試試喔！

正念練習 32

品味愉悅的生活小事

請每天注意一件愉悅的事，不需要是件大事，也許只是清晨聽見鳥鳴，看見盆中的花兒開了，花一點時間覺察當下這件小小的喜悅。在喜悅中留意身體、心理、情緒上發生什麼？

今天就是現在，請利用下頁表格寫下今天的小小喜悅，和發現小小喜悅的心情與想法。記得，試著讓自己每天記錄一、兩件愉悅的事，請至少持續一週，然後看看自己的記錄，感受一下這些平凡小事帶給自己的小小喜悅之後，或許你會有一些發現。

日期	愉悅的生活小事內容	當下身體有什麼感覺和表現？	當時的感受、情緒或心境？	伴隨感受而有什麼想法出現？	記錄此經驗時，浮現什麼想法？
（舉例）1／1	看見以為已陣亡的小盆栽，冒出了小綠芽	嘴角揚起微笑、身體放鬆	出乎意料的興奮	生命力真不簡單也很神奇	自己所以為的不一定是真的 尊敬生命

生活中我們學習面對不愉悅和辛苦，也學習包容痛苦的情緒，另一方面，也要培養感受愉悅的能力，例如喜悅、好奇、滿足、感恩、愛等。這些愉悅並不是尋歡作樂，而是讓自己的步調慢下來，用心品味每一份平凡的日常經驗。

正如我們所吃的食物決定了我們的身體，我們的經驗也決定了我們的心。練習有意的品味和攝入生活中的小小美好與愉悅經驗，也會重塑我們的大腦，除了注意到「痛苦」與「麻煩」之外，創建並活化另一條新的大腦迴路，去品味「平凡與美善」的心！

正念練習 33

列出欣賞特質清單

找個不被打擾的時間和場域，進行清單書寫：

1. 準備紙筆，請在紙上寫下你欣賞自己哪些特質（如：溫柔、有勇氣、和善、慷慨、耐心、幽默、負責等等），盡可能地書寫出來。
2. 找機會採訪伴侶（或朋友）和孩子，請他們提出三樣他們喜歡和欣賞你的地方和特質，並書寫下來。
3. 天天看這份清單，並持續增加新的項目。

當你接受平凡、欣賞當下的自己，幸福就會從所有方向流向你。祝福你從練習中體認自己的平凡，欣賞自己的獨一無二與美好良善。無論如何，你對所有人來說都是一份大禮，我們的自我價值並不是由成就高低決定，而是看見了平凡，也在平凡處發現特別之處。體會此時此地所帶來的豐富，讓我們欣賞每個平凡的瞬間，並看見孩子平凡中的不平凡。

培養「愛」、「歡笑」和「生命力」的沃土

「生活好無趣，無止境的忙碌，真想逃離家喘息！」是許多父母（或照顧者）的心聲。

在人力銀行二〇二〇年對職場爸爸的調查，有高達86%的爸爸透露，曾有離家喘息的念頭。職場爸爸自評「生活疲勞指數」，平均落在76.8分，其中甚至有14.8%，自認疲勞指數達到滿分狀態。而另一份「Yes123求職網」於二〇二一年的調查顯示，「職場媽媽」更不遑多讓，自評生活疲憊指數，平均落在77.3分，略高於去年的76.5分；其中甚至有一成五，自認疲勞指數達到「100分」的狀態。更有高達92.7%職場媽媽透露，曾有過離家喘息一下的念頭，而且如果想真正休息的話，平均一次需要休息8.7天；其中更有16.2%表示，其實需要離家喘息「十六天（含）以上」，也就是超過半個月才夠。

現今社會過勞的父母（也許說人們）比比皆是，實務工作上，我也看到許多失去笑容、眉頭深鎖、身心疲憊的父母，無心力陪伴孩子玩，也容易對孩子表現出沮喪和煩躁，更影響他們無法以敏銳和自信的方式對孩子做出反應的能力。有些父母甚至在極度的身心疲倦下，還不斷嚴厲要求自己，要完成各項重要的工作事務，導致身心健康出現問題。

耗竭漏斗的提醒

最近分別聽聞兩個案例：

「我是職業婦女，我需要照顧生病的公公、接送孩子、打掃、煮飯、還有公司的績效要求，我簡直快累攤了。以前透過拈花蒔草，能休息一下，但是時間有限，我得更抓時間做事，不然根本做不完。看著那些花草都乾枯了，唉，但能怎麼辦呢？」

「我是兩個孩子的父親，我要扛起家計，因為職場競爭激烈，我得晚上再自學語文增加競爭力，同時還要兼顧夫妻、親子關係，最近都要吃安眠藥才能入睡。但生命中有些事情，你是沒辦法有選擇，你得更拚才可以！」

這讓我想到瑞典心理治療師艾斯柏格（Marie Åsberg）教授提出的「耗竭漏斗」

（Exhaustion Funnel）的概念。當人越來越忙碌時，常常會放棄一些事情，把火力集中在看似「重要」的部分。也就是當生活中出現壓力時，因為想把事情做好做滿，人會傾向停止進行通常會減輕壓力的事，也就是會放棄那些看似「可有可無」，但卻能滋養心靈、儲備能量的活動。比如：輕鬆自在地吃早餐、散步、做做自己的休閒小嗜好。結果，生活從較平衡圓滿的頂端圓圈越變越小，生活圈逐漸被所謂的「工作」占滿，滋養生命的活動被刪掉，生活變得越來越狹窄，慢慢只剩下令人耗竭的壓力事件。結果就是身心俱疲，就像一個漏斗般越來越狹窄。

當人每天的耗竭活動越多、滋養活動越少，身心當然失衡，進入惡性循環，慢慢就

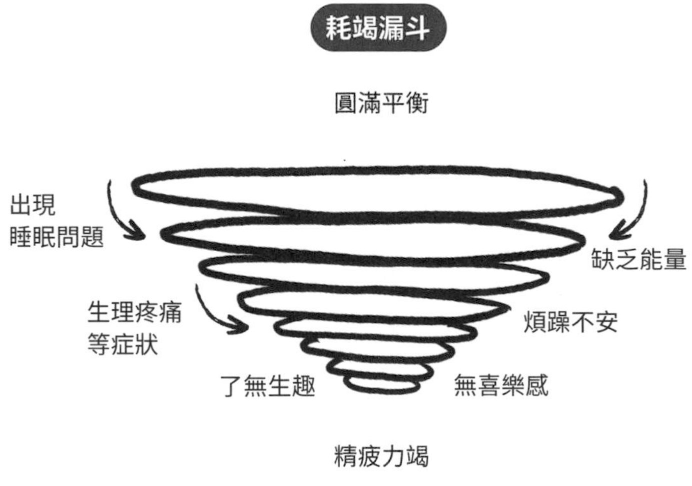

※ 原作者 Marie Åsberg 教授

出現睡眠問題、無精打采、疼痛、內疚、毫無樂趣、憂鬱心情等。最終，就是導致憂鬱症以及嚴重的身體疾病，被稱為「耗竭漏斗」（如右頁圖所示）。

艾斯柏格教授更指出，持續向下落入漏斗底部的人，常常是那些認真勤勉投入工作的人。因為他們想完美達成要求，他們的自信和成就感主要取決於事業成功。父母的角色需要許多能量才能好好扮演，身為父母要如何避免讓自己的生活和身心狀態掉到耗竭漏斗的底部呢？

盤點你的每日生活

我想有意識地覺察和檢視自己的生活，保持滋養性與消耗性活動的平衡很重要。你可以先盤點一下自己的每日生活，通常我在正念教養成長團體，都會教大家這麼做。首先拿出一張紙和一隻筆，請你依時間序寫下最近日常的生活，包含從起床到睡前一整天所有的大小活動。盡可能都列出所做的事，但不需要每個動作，而是活動即可。如：

6：00　起床

6：15　做全家早餐

6：30 洗漱及叫小孩起床

7：00 聽新聞

7：15 送孩子上學

7：30 買咖啡

開車上班

8：30 開早會

寫報告

處理電郵

拜訪客戶

12：30 午餐

13：30 工作

17：30 下班買菜

安親班接小孩

18：00 煮晚餐

吃晚餐

洗碗

催孩子洗澡

20：00 簽聯絡簿，看孩子功課

21：00 洗衣曬衣

22：00 洗澡

和先生一起看劇

23：30 準備明天的工作資料等

12：00 睡覺

寫完後，請你覺察一下每一個活動目前而言（不同的時刻也許是不同的）是滋養的活動或是耗能的活動。你可以在每個活動後方，用上下箭頭標示，往上的箭頭表示是滋養，往下是耗能。可以用箭頭數量越多（或者箭頭越長越粗）代表強度越大，如果同時都有就分別畫上兩種箭頭。例如：

6：00 起床↓

6：15 做全家早餐↓↑

6：30 洗漱↑

叫小孩起床 ↓↓

7：00 聽新聞↓ ↑

7：15 送孩子上學↓

7：30 買咖啡↑

聽音樂開車上班↑

8：30 開早會↓↓↓

寫報告↓↓↓↓

處理電郵↓↓

拜訪客戶↓↓↓

12：30 吃愛吃的食物當午餐↑↑

13：30 工作↓

17：30 下班買菜↓ ↑

安親班接小孩↑↓

18：00 煮晚餐↑↓

家人一起吃晚餐↑

洗碗↓↓

催孩子洗澡↓↓↓

20：00 簽聯絡簿，看孩子功課↓↓↓

21：00 洗衣曬衣↕

22：00 洗澡↓↓

和先生一起追劇↑

23：30 準備明天的工作資料等↓↓

12：00 睡覺↑

做完記號，請大家再次看看整體情況，問問自己：看到什麼？

此刻生活滋養、耗能的活動比例如何？哪一類多呢？

每天至少為自己做一個滋養小活動

接下來在團體中，我們會一起聊聊彼此滋養和耗能的活動。很有趣的，經過討論後，成員會發現有時候對自己是滋養的活動，對其他人來說卻是耗能活動，像是煮菜、開車、整理等。曾經有一個夥伴的分享，打開了大家的視野，她說：「刷馬桶是屬於滋養的活動。每當我靜靜地刷，一點一點把汙點弄乾淨，最後看到白得亮晶晶，好有成就感也好療癒喔！」

沒錯！很多時候，同一個活動，不同的觀點、想法與詮釋，帶給人的意義感都不同。滋養和耗能都沒有對錯，只是當下的真實感受，甚至在不同的時刻可能也會有變化呢！

盤點一下自己的日常生活，每天有意識地保留、做一個對自己是滋養的活動，對身心健康是很重要的。不一定要是大事或等到合適時間才做，一個小小的滋養活動就可以。有位新手媽媽，忙著照顧孩子和維持家務整潔而精疲力竭，有時候對小嬰孩的哭泣會很不耐煩，甚至因大吼而自責，覺得自己怎麼可以對孩子這麼沒愛心？

盤點生活後，她看到自己生活中幾乎沒有安排對自己滋養的活動，於是她開始在早晨起床時，為自己手沖一杯咖啡。她說：「光聞著咖啡香，就能給到自己小小的幸福感！透過手沖咖啡，我感受到『愛自己』的滋養……這個小儀式很神奇地能讓我心情安穩，讓我有愛的感覺。當聽到孩子哭時，我居然想到我可以就像一口一口緩緩品味咖啡般，不慌不忙地『品味』孩子的哭，再給予相應的處理……其實每日手沖一杯咖啡這個活動，原本就是我生育孩子前會為自己做的，只是育兒後不知不覺被剔除了。」

正念練習34 每天一點小小滋養活動

請每天為自己安排至少一個小小滋養活動，如：泡茶喝、擦身體乳液、澆花、接觸大自然、讀喜歡的書、品嘗喜愛的滋味、嗅聞喜歡的香氛、聆聽喜歡的音樂、運動，或做任何書上的正念練習等。

真的不要低估小小滋養活動的威力，它不會花太多時間，也不需要依賴任何人或等別人改變，透過自己就可以補給這個獨一無二的身心花園，感受到愛的能量。你是你自己這個花園的主人，無論有多忙，無論多沒有時間，你有權利也有義務，來照顧與培育你自己這座花園。

當然，在照顧和培育花園的過程，不會一直風和日麗，有時仍會碰到打雷、暴風、暴雨或乾旱。生命花園中的花和植栽，也不一定會按你的時間表發芽、開花與結果，有時還會長出消耗能量的雜草和生物。我們無法控制生命的無常，也無法強求喜樂，但是，我們可以培養充滿「愛」、「歡笑」和「生命力」的沃土，滋養喜樂的種子。

除了「每天一點小小的滋養活動」之外，你也可以透過接下來的正念練習，培養花園中「愛」、「歡笑」和「生命力」的沃土，滋養喜樂的種子喔！

越是感恩，越幸福

二〇一五年加州大學戴維斯分校的心理學家羅伯特．埃蒙斯（Robert Emmons）博士和邁阿密大學的邁克爾．麥卡洛博士（Michael E. McCullough）發表了一項感恩對身體影響的研究。這個研究進行長達十週，將樣本分成三組。其中一組人每日固定記錄一些令他們感恩的事情，另一組每日記錄令他們煩惱厭煩的事，還有另一組則平淡地記錄每天的生活，沒有特定感受的事件。研究發現十週後，感恩組對於他們的生活比其他兩組人顯著地感到樂觀與正面；活動力與健康也顯著地高於另外兩組人，去看醫生的次數顯得更低。

同年美國加州大學聖地牙哥分校的保羅•穆勒（Paul J. Mill）教授及其團隊，對心臟衰竭患者進行研究，發現懂得感恩、感謝別人的患者，對其身心健康有幫助，也因為感恩帶來的好心情，不僅緩解失眠的問題，也讓疲勞感降低，同時減少了身體的發炎狀況，這都有助於心臟健康。

近幾年有更多的研究顯示：心存感恩的人更幸福、抑鬱程度更低、心理壓力更小、對生活和社會關係也通常更滿意。大腦神經科學也發現：「感恩」可以改變大腦迴路，讓你更快樂！

正念練習 35

留意感恩的人事物

建議你好好鍛鍊「留意感恩的人事物」的心靈肌肉。你可以試著每日在睡覺前、起床時，或任何你可以安靜和自己同在的時候，回想（或寫下）三件令你感恩的事情，任何事都可以。如：自己身體、陪你到處跑的車子、溫暖可人的寵物、等你的家人、在家鄉照顧父母的手足、把被子晒得暖烘烘的陽光……

請你每想到一件感恩的人、事、物時，請試著感受一下當下的身體感覺和心情，若可以順著當下呼吸的節奏，吸氣時，感受接收與接受的幸福；呼氣時，從心送出對人、事和物的感恩。再一次，吸氣，感受幸福；呼氣，送出感恩。

當然，如果你能在每一個感恩的當下，去捕捉那份感受，比如從便利商店店員手中，接過那杯熱騰騰的咖啡時；收到路人一個友善微笑時，或是吃著家人遞給你的水和維他命時……就在察覺到內心有一點點感恩的當下，便試著暫停一下！感覺身體的感受，以及心理的溫暖和感恩的念頭。

這樣的小小練習，會逐漸在你的身體系統之中建立一些神經迴路，它會強化感恩迴路的連結。慢慢地，感恩會變成一種習慣。這樣的能力與感受也將透過你，慢慢地帶給孩子和身邊的人。而且再跟你說個好消息：依據「吸引力法則」，你也會發現源源不斷美善的人、事、物，圍繞在你身邊。

如何讓挫折經驗變成滋養？

一起來聽一個故事，一個男童軍為了即將到來的全鎮團員大會，努力地背講稿與走位；每天下課時，團長陪著他在偌大的操場預演。終於，展現成果的日子到了。所有的小童軍、師長和村里代表，及小童軍的爸爸、媽媽，都在台下全神貫注準備聆聽。可是，小童軍卻忘詞了！他枯站在台上，台下開始噓聲四起，五分鐘的內容，支支吾吾花了三十分才完成。本來抬著頭、與有榮焉的爸媽，頭低得不能再低了。

就當小童軍邁著沉甸甸的步伐往台下走時，站在最後方的團長趕忙跑上講台，在小童軍未下階梯前，拿起麥克風說：「童子軍最重要的使命是做有勇氣的事，今天我們在小童軍身上，看到高超的童軍精神，他本來可以忘詞退場或哭鬧，但是小童軍卻沒有，仍勇敢地把講稿完成……」

台下掌聲響起、爸媽展露笑顏，更重要的是小童軍的眼神，由晦暗變成炯炯有神。黑暗的房間，只要小小一盞燈火，就能照亮整個空間。一念之間就能化危機為轉機、化挫折為希望。挫折與希望，是並存的一體二面。所有的痛苦背後必有美麗，而美麗的背後也有痛苦。

就好像小嬰兒從溫暖又全然包容的母體離開，生理必須經歷一連串穿過產道的挫折；但也因此展開學習自己呼吸、當一個獨立的人。幼稚園裡有人會跟自己搶玩具，想要自己玩的願望沒法兒實現，也是挫折；但也從此開啟孩子認知「還有別人和我一起」的團體生活，學習和他人展開合作的人生。有許多功課要做，但又想玩，內心擺不平，是挫折；但也是一個學習時間或資源有限，需要管理慾望的絕佳機會。辛苦創業，卻血本無歸，是挫折；但是若認真研究失敗的原因，搞不好柳暗花明又一村，重新詮釋生命的價值，活得更有意義。無法抗拒的水災、旱災讓生活很難受，但也提醒我們要保護大自然涵養水的本能，節約水的態度。

挫折經驗是滋養或是沉淪，最大的關鍵是，我們用什麼眼光詮釋挫折。

如果當下團長是情緒的漫罵，如：怎麼會這樣呢？辜負了這麼久的練習，真讓我們丟臉……那麼小男孩的反應又會是怎樣呢？以後會有自信再站在台上嗎？內心會升起對自己什麼想法呢？

舉重女神郭婞淳說：「相信所有的挫折，都是最好的安排。」是的，沒有寒風刺骨，哪有梅花撲鼻香。每一個成功的故事，過程必定有許多挫折的經驗。經常樂觀的人不是沒有痛苦，而是能接受環境打擊，禁得起挫折，能與痛苦同在，並找到成長的意義，重新振奮。

正念練習 36 每一朵烏雲都鑲著銀邊

一句外國諺語這麼說，「每一朵烏雲都鑲著銀邊」（Every cloud has a silver lining），這是指隱藏在烏雲背後的太陽，穿透烏雲露出鑲了銀邊的景象，也隱喻著無論是怎樣的逆境，都存有希望。

還記得小學時，被老師推舉參加演講比賽，當時的我並不是有自信的孩子，更何況演講比賽還需要即席演說。當時我緊張不已，硬著頭皮上台，沒想到我的表現卻比我自己以為的來得好，不僅得到了名次，更重要的是，我獲得了自信——原來，我擁有演說的能力，只是自己看不見！就像抬頭望向空中的烏雲，只要仔細觀察，就能發現每一朵烏雲都鑲著燦亮的銀邊。

當生活中的烏雲出現時，別忘了「每朵雲的後面都有陽光灑下光芒的銀色內襯」。請試著打開覺察，看見烏雲的銀邊，允許嘗試，也允許挫折與失敗，從中看見挫折和失敗的經驗對生命的滋養。

每天身體力行「充滿愛的小行動」

德蕾莎修女曾說：「世上並無偉大的作為，有的只是充滿愛的小行動。」這個充滿愛的小行動，從自己開始身體力行。

當你開始為自己進行「每天小小的滋養活動」，就是在培養愛的沃土。「愛」會讓人從心滿足，喜歡自己。讓人對自己揚起信心，願意給予分享。讓人學會珍惜自己，並對自己的生命負責。

當你開始練習「留意感恩的事」，它會像漣漪效應般，帶來喜悅和幸福，培養歡笑的沃土。而「歡笑」使人幽默，容易面對挑戰；使人放鬆，滋生創意；使人褪去僵硬，身、心、靈展現彈性。

當你試著「看見烏雲的銀邊」，會知道黑暗對黎明的重要，了解挫折能滋養生命力的沃土。「生命力」讓人可以像小草般的「大風起把頭搖一搖，風停了又挺直腰，大雨來彎著背讓雨澆，雨停了抬起頭站直腳」，在面對人生大大小小挫折時，有復原的韌性。

生命是苦樂交融，常常我們會留意到生命中的黑暗，那是一種本能的保護，但是別忘了生命還有光明的部分。當然，我們無法控制生命的無常，也無法強求喜樂，但是，我們可以培養充滿「愛」、「歡笑」和「生命力」的沃土，滋養喜樂的種子。

在此，祝願你我：能培養愛、歡笑、生命力的沃土，灌溉喜樂的種子。即便知道無法完全控制生命苦難或疾病，也能保持輕安喜樂的心，不掉進無助絕望的深淵。

6

校正你的
教養狀態

我們都知道船在大海中航行，需要燈塔的指引船長才能在各式各樣海象訊息中，判讀什麼訊息是重要的，以及選擇要做什麼或不做什麼處理，才不會迷失了方向。在茫茫大海中，因為有燈塔的指引，才能在不小心離航時，有個能依循的指引，可以隨時校正、調整航向，繼續往目的地前行。

教養的歲月就像漫漫的航海行，父母就像是船長，船長需要找出什麼是你教養的燈塔，因為這樣才能在面對「多變的海象」（包括：童年經驗、各式各樣的壓力、情境、親方和子方的身心狀態等等）時，有指引的方向，讓自己有意識地確認、微調，校正一下難免衝動或失焦、失功能的教養行為。舉例來說，如果你希望教養出會自我照顧的孩子，「學習自我照顧」就是你的「燈塔」，當孩子已經到了可以自己揹水壺、剝水果、剔掉魚骨……的年紀，你因為怕麻煩、擔心等等因素，仍然幫孩子做太多、太保護時，就得微調一下，給孩子機會承擔責任地學習照顧自己衣、食、住、行，才有可能培育出能自我照顧的孩子。

「好好滋養和整理自己這座花園」之後，重新回到教養，找到並看清楚「教養燈塔」是「船長」的要務哩！

正念練習 37

對你和孩子而言，什麼是最重要的事？

進行自我探詢時，請找個不被打擾的地方，以自己覺得舒服的姿勢坐著，全身放鬆自在，用開放接納的態度觀察此刻的心。

覺察一下，此刻感受到心是開闊的？還是緊繃？平靜還是焦慮？滿足還是不滿？如果此刻情緒特別強烈，或者正經歷一些特別重大的教養事件而有所糾結，請容許它，不抗拒它，就在當下覺察自然浮現的所有念頭、想法、感覺。包括：

也許希望孩子聽話，成績好，有禮貌，會彈琴，運動好……

希望自己撐得過育兒繁重的家務與工作的壓力；或者希望另一半能多擔待照顧孩子；希望擺脫身體上長年的痛苦……

不論發現什麼、不論有什麼感覺、念頭或想法出現，都去知道它。然後，請你試著把注意力放在呼吸一會兒，就是覺察一下自己此刻的自然呼吸。

當你準備好，溫柔問自己：帶著什麼預期當父母呢？是想被認同、想得到更多關注、想解決自己的孤單空虛、想完成自己的遺憾、想改變生活或者是……也帶著一個開放的態度問自己：假如孩子真的如我所想的樣子，我會怎麼樣？孩子又會如何？

接下來，溫柔地再問自己：對孩子的生命來說，什麼是最重要的？擁有什麼特質能走向健康和快樂的人生？（比如：是聽話順從？有主見？自律？或尊重等等。）

好好問自己：如果生命走到盡頭就只是這一天這一刻，那麼生命最重要的是什麼？

傾聽心的聲音：真正渴望孩子的生命如何？

整個過程，邀請你細細的聆聽、覺察浮現腦海中的字句、畫面、或感覺。假若一時沒有什麼想法，也試著耐心地等待一下，看看、聽聽「心」會有什麼的浮現，在此同時請記得關照此刻身體的感覺。

如果可以，平常與孩子在一起時，帶著意願去留意「此刻最重要的事是什麼？」有時候我們並不清楚或失焦，沒關係，就承認接受它。就在這時候給自己往後退一步的心理空間，重新開始，再次問自己「現在真正重要的是什麼？」

等清楚了，再開始進行教養行動。

策略性的鼓勵讓孩子正向積極

和大家分享，因為知道「燈塔」在哪兒，在兒少臨床服務時，面對各式各樣難搞的孩子，自己依然可以安穩地做著「重要的事」的一個經驗。

有一回在正念成長營隊中的「畫（話）出心目中的自我」活動，小朋友正如火如荼地邊畫邊說著心目中的自己——「一棵小樹，我喜歡爬樹，而且小樹正充滿生命力的努力成長，就像我一樣。」「我會用戰鬥機形容自己，因為戰鬥機有許多配備和先進的武器，擁有保護自己的力量。」「我是一把火，信心之火，面對挑戰可以戰勝它的勝利之火。」「豐富的一碗麵」、「寫不完的考卷」、「電腦」、「漫畫書」、「彩色蘑菇」……孩子透過活動中提出的反思問題，一個個認真地動動腦，並整理著自己對自己的看法。

此時，巧巧在自己的畫紙中畫出的是一坨又一坨的大便，且三不五時對別人的分享加個註解：「你大便啦！」

巧巧從初相見時就像刺蝟一樣，對別人善意的招呼及問候，總是充滿了敵意，團體的孩子被她一次又一次的語言攻擊：「你白痴！」「你大便啦！」因而漸漸失去耐心及忍受力，所以開始遠離巧巧。

是什麼心情使一個孩子會用大便形容自己，也用大便看著世界，對外界充滿不滿呢？

「我是差勁的」、「我是壞小孩」、「我一無是處」……也許是巧巧這一類的孩子，對自己的評價及看法。拿著高標準的量尺，在內心不斷地丈量著自己，也丈量著別人，久而久之，就穿上厚厚的盔甲和厚厚的面具，別人進不去，而自己也出不來了。

讓巧巧親身感受自己有許多地方很棒，能對別人有貢獻的成就感，能用一雙「ＯＫ」的眼睛看待自己，能看到自己很棒的地方，而不是一直用挑剔的、不ＯＫ的眼睛來看自己和別人，才能卸下刺蝟的盔甲，聽聽別人也會受傷的心情，並且也能智慧地選擇明朗正面的語言來表達自己。

於是，在兒少正念成長營隊我給巧巧許多鼓勵：「巧巧，在營隊裡這幾天，天氣這麼冷，妳能每天洗澡，真是不容易，當妳的身體真幸福！」「妳能接住那麼強的球真的好厲害，那需要很大的勇氣和不害怕球才做得到！」「我可以請妳當我和小欣的接球教練嗎？」等等。

此外，我找適當的時機問大家：「大家猜猜為什麼巧巧要說我們大白痴？」大家回答：「她很害怕輸球、很心急！」「她想說這個球是要傳給三壘比較近，而不是一壘。」

這是我對巧巧在接下來營隊活動中所做的策略性處遇，先建立巧巧對自己的自信心，及增加與人相處的成功經驗，再意圖性地用團體動力讓巧巧理解攻擊性的語言，背後真正想表達的是什麼？還有攻擊性的語言會讓人不想與她交朋友。

在營隊快結束的前一天，大家再一次進行友誼賽。在對方打出安打時，巧巧對同伴說：「沒接到球沒關係，不要緊張，還有機會！等一下我們接到球再殺一壘。」同伴回以：「好，謝謝！」「我們一起加油！加油！加油！」

多麼令人感動的一個畫面，因為巧巧的一句話，原本因失誤沒接到球而懊惱的同伴，又充滿精神準備迎接下一個挑戰。

許多人認為太鼓勵小孩，小孩會沒有分寸、會自大驕傲，應該多提醒小孩做得不夠好的地方，才能有進步。活動結束後和巧巧的父母聯絡，他們也是同樣的想法。

巧巧的轉變，是人性本善的實證。只要我們的鼓勵是事實，就能幫助孩子建構良好的自我概念，能以正向的態度看待自己。當孩子能用積極、正向的眼光看自己時，他將會用「ＯＫ」的眼睛看待挫折、看待人際衝突、看待將來需要面對的各式各樣的問題，而能激勵自己，給自己面對問題及解決問題的能量。這就是社會智商（ＳＱ）的基礎。

能以ＯＫ的態度看待自己，才能看到自己想要更進步的地方，也才能以ＯＫ的態度看待周遭的世界。

我想，原本形容自己是一坨坨大便的巧巧，在正念遊戲治療的陪伴下，心中會有一股新的動力出現，一個以ＯＫ的眼睛看世界的種子，已經在巧巧心中萌芽。

真心希望所有孩子都有這個福氣，擁有ＯＫ的眼睛看自己、他人與世界！

「安全的依附」是給孩子的無價之寶

依附（attachment）是指人類等哺乳動物依賴照顧者，進而發育成熟。也可說是嬰孩對父母的一種主動、情深、雙向的關係。這種親子間的奇妙連結是人類所有關係中最強烈、也重要的關係。但有時候也會採取較通俗的涵義，指的是將一個人和另一個「特定他人」緊緊凝聚在一起且是強烈的情感連結。

依附行為有其特性

依附不同於其他的人際關係，它同時包含了以下三種特性：

1. **尋求親近：**例如幼兒會試著處在父母的保護範圍內，這種親近的尋求只會在對陌生人、情境或受到威脅時遞減。
2. **獲得安全：**例如依附關係人出現會增加幼兒的安全感。當幼兒感受到威脅時，會將父母視為安全感的直接來源，並展現依附的情感與行為。
3. **抗拒離別：**例如幼兒對依附關係人、或熟悉的照顧者離開時會感到苦惱傷心與抗拒，並以行動來嘗試阻止依附關係人離去。

孩子為什麼需要依附關係？

因為依附關係提供安全的感覺，當依附關係人缺席，嬰兒會感到無力與孤單。就像達爾文天擇理論，依附是嬰兒求生存的本能，他們知道要活下去就得獲得大人的保護和照顧。當然，嬰兒想與媽媽（或熟悉對象）接觸，除了與飢餓有關外，還有一個重要的需要——親密的撫觸。

依附關係的影響？

最早提出依附理論的精神科醫生波爾比（John Bowlby）曾說：「**當一個人覺得可能失去所愛，會引起焦慮；實際失去所愛，則帶來悲傷。而這兩種情形，都可能引發憤怒。穩固的情感聯繫會帶來安全感，恢復情感聯繫更是喜悅的泉源。**」簡單幾行字，充分描述出依附之愛的影響。

實證研究證實有安全依附的孩子，他（她）將在早期儲存一個溫暖安全的「思緒及意念」的內在檔案。這個內在檔案將影響孩子的內在運作系統，形成孩子最初始看自己、想自己、覺得自己有價值、值得人愛的基礎。

孩子與你的依附型態是傾向安全或不安全？

現在來做個小小測驗，檢測一下孩子與你的依附型態吧！每道題都有四個答案，請你回想一下孩子在幼兒時期的情況，請依直覺於下列情境勾選一個最符合孩子的答案。準備好了嗎？Let's go！

1. 他（她）比較是……

A. 倔強任性的孩子。

B. 活潑積極的孩子。

C. 變化無常的孩子。

D. 安靜多慮的孩子。

2. 想一想當孩子在學爬時期，你帶孩子到一個陌生的房間或空間時：

A. 孩子根本不管你，就會爬一爬、看一看。

B. 感覺孩子是自在的，雖然期間會偶爾看看你，但是能感覺孩子是充滿行動力想探索。

C. 孩子會想抓緊你，對新環境充滿害怕。

D. 感覺孩子好像被嚇住一樣，心中恐懼而行動緩慢。

3. 孩子第一次去保姆家（或任何替代照顧者）的時候，在你離開的那一刻，孩子通常反應是：

A. 沒有特別喜怒的表情就與你分開。

B. 會感覺孩子因不想離別而小哭一下，但是很快又能與保姆相處。

C. 哭得很傷心、抱緊你、不讓你離開。

D. 不斷哭泣，但又害怕被觸碰。

4. 當孩子第一天去幼兒園必須和你暫時分開時，在你離開的那一刻孩子通常反應是：

A. 沒太大反應，也不說再見。

B. 有些遑遑不安、但安撫後則很快安定地與你說再見。

C. 哭哭鬧鬧、用盡辦法黏著你、不讓你走。

D. 很恐懼，不想和你說再見，但又害怕被你罵。

5. 當你與孩子暫時分離後返回，你感覺到孩子的情緒是：

A. 生氣防衛的。

B. 愉悅開心的。

C. 矛盾的，又高興又生氣的。

D. 壓抑不安的。

6. 當你與孩子暫時分離後返回，孩子較常有的行為反應是：

A. 冷漠不太管人。

B. 想要親近你。

C. 哭哭，抱起他時又會踢你。

D. 恐懼而想迴避你的樣子。

7. 和人相處時，孩子通常表現得：

A. 冷淡疏遠的。

B. 親近互動的。

C. 焦慮抗拒的。

D. 害怕退縮的。

計分：

一共勾選了——

幾個A：
幾個B：
幾個C：
幾個D：
如果勾選最多的是A，你的孩子是較傾向「逃避型」的不安全依附。
如果勾選最多的是B，你的孩子是較傾向「安全型」依附。
如果勾選最多的是C，你的孩子是較傾向「抗拒（矛盾）型」的不安全依附。
如果勾選最多的是D，你的孩子是較傾向「混亂無定向型」的不安全依附。

為了確保測驗較正確，建議你可以換個方式，同樣利用上面的問卷再做一次反測驗。做法是：請依孩子可能的反應依順位排列成1、2、3、4，順位1者得分3、2者得分2、3者得分1、4者得分0。以此方式計算出的結果，可用來檢驗原始測驗的結果，兩者應該一致。

孩子依附型態面面觀

依附型態大略分成安全和不安全兩大類，傾向B的是安全型，而傾向A、C、D的統稱為不安全的依附。下頁表格依類型整理孩子在各型呈現的行為特徵、內在情感的感受、對自己的信念、對關係的信念、孩子可能未來的發展面面觀供大家參考。

依附類型	孩子的行為特徵	內在情感	對自己的信念
A—逃避型	●常哭鬧。 ●避開照顧者，很難接受照顧者的安慰。 ●冷漠不太管人。	●生氣。	●我是差勁的。
B—安全型	●較少哭鬧。 ●能自由探索。 ●對分離感到沮喪，但是能接受。 ●當照顧者返回時，能積極地回應照顧者。	●安全、愛。	●我是值得被愛的。 ●我是有價值的。
C—矛盾型	●常哭鬧。 ●無法自由探索，尤其是照顧者不在場時會明顯中斷探索行為。 ●有陌生人在場時非常小心警惕。 ●對分離感到莫大壓力。 ●當照顧者返回時想接近又常有抗拒照顧者的動作。	●害怕、焦慮、不確定。	●我無法掌握生活。
D—混亂無定向型	●無活力的樣子。 ●行為常無組織及一致性。 ●整個人像被嚇壞一樣，反應慢。	●對環境充滿恐懼與被威脅感。	●我沒有掌控權。

對關係的信念	孩子未來可能的發展
●人是不可信賴、不可依賴的，會懷疑別人的企圖。	1. 防衛性的人際關係，與人保持距離和避免跟他人太親密。 2. 壓抑與否認自己的情緒反應，不喜歡讓別人知道自己的壓力。 3. 很難尋求別人幫助。
●人是良善、好心、可依賴與可信賴的。	1. 易融入社會。 2. 易與他人建立可以親密又能自主的正向的關係。 3. 易承認自己的困難與壓力，有需要也能接受別人的幫忙。
●人是複雜難懂的。	1. 常有焦慮的行為，如：哭泣、黏人。 2. 渴望親密關係，但又害怕親密帶來的壓力。 3. 害怕自己的情緒反應帶給別人麻煩，生活總是比別人體驗更多的壓力。
●人是可怕的。	1. 不僅對環境害怕，對與依附對象接近也是恐懼的。 2. 經常有衝突或不相稱的行為。如：想接近又想避免接近人。 3. 情緒壓抑。 4. 碰到事情，常有被嚇壞的感覺，而無法有其他可替代、或可供選擇的解決問題的方法。

（※引自林麗玲〔2005〕友緣基金會《親子遊戲玩出好依附》）

安全的依附，健康的心理

人與環境是交互影響的，親子的依附關係，當然也是眾多因素交互作用下的產物。在各種因素中，大致可分為兩大類。一大類是先天因素，如：孩子個體生理狀況、氣質及一些無法抗拒的因素；另一大類是後天（環境）因素，如：父母（照顧者）的敏感性回應、情緒調節能力、育兒身心準備度、家庭氣氛、社經文化等。先天因素我們無法改變，需要學習接納與面對。但是，後天因素卻是人可以營建與改變的。

許多實證研究發現，幼兒在開始發展同伴關係前，能與爸爸、媽媽有安全的依附關係，及快樂、歡笑遊戲經驗，將對孩子的情緒處理能力和社會性能力有正向的影響。我在二〇〇六年針對將近六百五十名國中生為對象，進行青少年親子依附和幸福感相關的研究，也發現：青少年與母親或父親間的「安全共感」感受越高、具有「信任尊重」的親子依附關係，青少年的「生活滿意與掌控感」、「人際關係」、「整體幸福感」感受程度也越高。美國聖母大學心理學家，達西亞．納瓦茲（Darcia Narvaez）教授的團隊，二〇一六年更對超過六百名成年人的童年經歷做研究發現：「嬰幼兒及童年期經常性地得到父母的愛撫、擁抱、照護的人，長大之後不但不會極度依賴父母，反而會具有更開放的心態、更健康的心理狀態、更自如的社交生活，總體而言他們生活得更幸福。」

親愛的父母，不要小看「你」對孩子生命全程發展、與人關係和幸福感的影響。我們都希望孩子能夠擁有的健康關係，包括：和自己的身心、友誼關係、工作關係、親密關係。而這一切的起頭，就是從和「你」的關係開始。

給孩子「安全依附」，並不是你得時時刻刻、百分百完美地回應孩子，而是邀請你帶著一份深深的意願：願意去了解你對「依附」的影響力、願意去培育「安全依附」的關係。因為這份意願會幫助你打開覺察，去看見孩子感到受傷、害怕時，想尋求安慰、保護的依附行為；去支持孩子好奇、探索及追求成就的本能想望；去連結並給予孩子關愛。

生活中，我們會想到為孩子準備健康、優質的營養品，在關係上也別忘了意識性地補充建立安全依附的「依附維他命」！

正念練習 38 依附維他命

我以嬰幼兒為例，來說明什麼是「依附維他命」。

1. **依附維他命一．溫暖地觸摸：**這是和嬰兒溝通最好的方法。抱住小孩，溫和拍拍他，輕輕地搖動，可以給孩子大大的安全感喔！

2. **依附維他命二‧輕柔地說話：**溫柔對嬰兒說話，不僅可讓孩子認出你的聲音，也可以鼓勵他分辨你發出的聲音，讓他學到一些音節與字彙，以後可以使用。

3. **依附維他命三‧專注地凝視：**注視寶寶是大多數人會做的。越多的眼神接觸，越能使小嬰兒接收到刺激，他對別人的反應也會更活潑。

4. **依附維他命四‧積極地回應：**當嬰兒哭、笑、轉頭、轉動小手等各種行為出現時，和他（她）一起動一動，像鏡子一樣。這樣可以讓小寶寶透過視覺等連接各種行為與感覺的訊息。千萬別認為嬰兒什麼都不懂，除了基礎生理照顧外，請別總是將孩子放在一邊喔！那可是會失去許多刺激小孩感覺統合發展的機會。

5. **依附維他命五‧情感地共感：**盡可能簡單的口語、非口語等行為，試著翻譯嬰兒的情感，讓他（她）知道「媽媽（爸爸）懂」、「媽媽（爸爸）了解」。如：熱熱真不舒服。常被共感的嬰兒，心會是滿滿的舒服與安定。

生活中，依著孩子的年紀不同，你可以試著應用這個依附維他命的練習，讓孩子感受安全受到保障，好奇心自然誕生；確信有人會支持陪伴，於是能出去冒險、探索，學習新技能。

允許孩子面對自己的成長痛

依附維他命也可以應用於兒童的場景。你常這樣安慰孩子嗎？

孩子：「好討厭，今天畫畫課，我的圖沒有被老師貼在公告欄。」

父親：「沒關係啦！你在才藝班的圖，老師都說很棒呢！」

孩子：「我好差喔！理化都搞不懂。」

母親：「你國文和英文都很好啊！」

孩子：「同學都罵我、取笑我，不和我玩。」

老師：「喔！那就不要和他們玩，不要在意他們，你可以做你自己的事啊！像寫寫作業、看看書等。」

在這些場景裡，大人不斷表達出：「你還有其他地方很棒」、「沒關係」、「不用在乎別人對你的想法」……諸如此類的觀念，**這些彷彿輕描淡寫的肯定，是否暗藏著你的隱形焦慮？**這類的焦慮暗藏著害怕孩子持續沉浸在挫敗的情緒，無法向前；也許是一種「習慣」，習慣自動快速跳過需要處理的情緒，直接進入給建議模式；也或許一種「誤解」，錯把這種觀念當成安慰。然而傳達不要擔心、不要在意、不要難過的移轉，或抹去挫折情緒及煩惱，真的能安慰到人心嗎？

舉個例子：試想今天公司要交一份文件，多方嘗試後自己仍不是很滿意成果，這時旁人卻告訴你：「不會啊！已經很好了，我都沒辦法寫成這樣，你好厲害！」或者說「你想太多了，我覺得這樣就好！」此時你心裡的感受是什麼？有被安慰嗎？還是心情仍然低落？腦中仍盤旋著糾結著，自己還解不開的謎？

但如果今天安慰的聲音是：「先放下評價，深呼吸放鬆一下身體，也許再回來看看文件，就有靈感哩！」「好還要更好，是你一直以來對自己的要求！」「哪個部分是你目前最不滿意的？你認為問題可能是什麼呢？」「以客觀的立場，我看到的是同時有許多主題，也許取決一下最想談的重點，會不會更聚焦？你覺得呢？」或者「能在不滿意的心情中持續做著，想著怎麼突破才能接近自己想要的，真不簡單！」聽到這類的安慰，你當下會有什麼感覺呢？

允許孩子有自己的挫折與難過

安慰並非抹去不舒服，而是陪伴一個人能好好品嘗當下的挫折，充分覺察產生挫折後，身體產生的感覺、情緒、想法，並從中找到背後蘊藏的意義與資源。

因為怕孩子一直困頓著，或不忍孩子難過沮喪，想拿掉這樣的痛，便教他忘記、忽略情緒。不斷地告訴孩子掩蓋及避開當下，急著將孩子的心推向未來處理，會讓他沒辦法明白當下出現的感受與問題是什麼，以至於找不到行動的方向。這樣做甚至還會有反作用力，造成停在原地躊躇不前的狀況，最後走向不斷自我批評！

允許自己的擔心、孩子的難過，同時也接受當下所有呈現，才有空間思考如何安定自己，也給孩子智慧的安慰。我們無法更不需要拿掉孩子的痛，如同刻意採外力把蛹剪開，反而會讓蝴蝶無法羽化生存。大自然的法則是蝴蝶得自己一次又一次去經歷成長的痛，感受自己振翅掙脫的每一刻，用自己當下的力量破蛹，才能有展翅翱翔的力量。

「智慧的安慰」是陪伴孩子感受他的痛，知道他正在受苦，也一同看清楚現狀，進而能反思，找到自己面對挫折的能量與行動的方向，最後孩子終能突破名為「氣餒、挫折、失敗」的蛹。

當然，父母有時候有著各式的壓力和因素，有時候難免無法合適地回應孩子，或者甚至因為衝動教養行為傷了親子關係，在孩子的內在檔案置入了不安全的依附經驗，怎麼辦呢？

大腦是有可塑性的，當與父母（或任何重要的他人相處）的好經驗再次輸進孩子的情緒記憶時，是能修復孩子早期的不安全內在檔案，也就是說凡走過必留痕跡，透過一個又一個「安全、安心」的新經驗刺激，孩子漸漸會重塑並強健「安全依附」的大腦迴路。孩子會把經驗到的「安全依附關係」轉化成可以與他人建立親密又能自主的正向的關係，也能在生活中展現承認困難與壓力的能量，在有需要的關鍵時刻，可以提出困難並接受別人幫忙地度過危機。

父母不需要完美，真正有用的是父母足夠好的敏感性回應和願意真誠理解、願意承認失誤，彌補缺失，也從失誤和缺失中學習和改變的行動。讓孩子知道，身邊有一個會愛護自己的人，能夠依賴、願意隨時陪伴，孩子因此長出對自己和他人的信任感，這對孩子一生擁有良好的人際關係至為重要。

澆灌愛，經營支持合作的共親職

單身的時候，你只要為自己負責，關照好自己的需求、願望、想法、計畫就好。當你踏入婚姻（伴侶）關係時，所承擔的責任也會跟著增加，不光只是為自己，也要考慮對方並投注心力建立關係。然而，當兩人家庭有了新生命（孩子）加入後，夫妻（伴侶）會面臨更多的挑戰，包括因育兒家務量幾倍於以往、彼此單獨一起的時間或睡眠可能減少、精疲力竭、無法有長的交談甚至常被孩子打斷等。也就是說家庭關係系統從原先的夫妻系統，增加了共親職（co-parenting）系統及親子系統，複雜度更高了。

共親職關係的影響

「親子」大家很容易了解，那什麼是「共親職」？所謂共親職是指一起分擔照顧和教養孩子責任時，父母（廣義來說，只要是一起共同教養的人都算）的親職互動。在臨床工作經驗和許多實證研究都看到，父母良好互相支援合作的共親職關係和行為，會影響孩子有較佳的人際能力，長大後也較能有好的親密關係，享受較高的幸福感。

對孩子來說，家庭是第一個學習的場域，父母（或共同教養的人）在共同親職時，若能展現相互情緒支持、彼此尊重，在面對緊張衝突時，能清楚地溝通和協商調解爭端，相信孩子會耳濡目染。研究也顯示，父母即使因為某些原因，如：在不同城市工作、分居等，而須在不同地方實施親職，但雙方若能對產生的教養問題作調整，對孩子的影響依然遠優於父母雖在同地，卻不肯與另外一半溝通的共親職。反之，在教養孩子時，若經常出現一人說可以，另一人說不可以的不一致、相互貶抑（如：沒水準、你不懂）、抵制（如：不配合，故意不處理）或高衝突的共親職行為，對孩子的心理、自我適應與社會行為發展會產生深遠的負面影響。

親愛的家長，你是如何和另一方（共同親職的對象）進行共親職的呢？是傾向支持對方、互相支援，若有不一致的看法，也能一起討論找出共識的相互支持與合作的共親職，還是常常看不慣、批評、抵制對方，或把另一方變成競爭對手，甚至把教養的大工程都丟給另一方退出不管的共親職呢？

如果，是前者，你的孩子很有福氣！試著從心底深深感謝自己和對方，請持續經營這份合作性的共親職關係。如果是傾向後者，不著急也不馬上苛責自己或對方。允許自己好好看看目前的困難是什麼？試著放下對另一半已經升起或將要升起的敵意，帶著善意與承擔、不逃開，試著傾聽另一半的苦，並明朗地溝通自己的需要。比如：「當我和孩子有衝突時，你一直護著孩子，不斷指責我，會讓我更憤怒，更想罵孩子。」「當我教育孩子時，若孩子哭哭鬧鬧，請幫我並支持我，告訴孩子用說的表達想法，而不是哭鬧。謝謝你！」

父母能否同心協力、相互支持合作共親職的源頭是夫妻（伴侶）關係的品質。讓人感到愛意的親密關係，夫妻（伴侶）間比較快樂，會更有能量承擔父母角色，相互溝通、共同面對分擔生活中大小事，有共同的方向、有承諾地彼此合作，即便碰到磨擦也視為共同學習和成長的機會，那麼共親職就會更有幸福感。更重要的是，過程中你與對方說話、面對衝突、和處理緊張時候的態度和方式，也是對孩子示範著什麼是愛、如何愛人、如何相互彼此照顧與合作。

父母能給孩子最珍貴的傳家寶，就是自身的幸福快樂。所以，邀請你，無論當父母的資歷多久，請記得澆灌愛的關係，那是共親職關係的源頭！

正念練習 39 **澆灌愛的夫妻（伴侶）關係**

1. **主動表達對另一半的感謝：**每天的生活，一定有值得感謝另一半的事。但是，我們可能覺得理所當然而忽略它。比方說：乾淨的馬桶、清潔的地板、放涼的開水、不擔心接送小孩、可以安心工作、輕柔地起床不吵醒晚睡的你、廁所有不間斷可用的衛生紙……只要你願意停下來覺察，一定可以發現另一半的善意、體貼與慷慨。

無論發現多細小的善意、體貼與慷慨，請向對方說聲：「謝謝！」讓另一半知道你看見他（她）的付出和貢獻！當你常常看見對方的良善，自然而然對方也會以良善回應你，如此愛意和善意就會像漣漪般的擴展開來。

2. **有耐心的聆聽：**每個人心底都渴望被深深聆聽。當伴侶和你講話時，請不著急說自己的看法或意見，至少三分鐘，帶著想了解對方、送給對方深深聆聽的心意，先打開心與耳朵好好地聽聽對方在說什麼。

也許當你靜靜地聽對方說話時，你可能發現對方跟自己看事情的角度恰恰相反，不急著爭辯，此刻，請試著保持對呼吸的覺察，先找個心理空間安放自己的念頭和想法，同時也知道「想了解對方和需求的意願」也在，持續地好奇與傾聽對方的難處。即便對方有偏誤的認知，也請試著聽完對方想說的，再提供一些新的資訊，幫助對方修正看法。無論如何請展現願意耐心聆聽的行動。

當然，有耐心地傾聽並非容易的事。聆聽是需要練習的，特別是與我們最親近的人通常難度很高。因為我們會用「自動腦補」的方式聽，只聽到幾句，就出現：我早就知道、每次都這樣、我告訴你……很習慣地從「我的角度」快速打斷、建議或轉話題。

你可以想想，有誰會讓你願意好好說話呢？他（她）有什麼特質？而他（她）又做些什麼呢？是不是有好奇的態度、專注的身體語言、溫暖的語調、不評價的字句……這些你想到的，也是你的伴侶需要的。

安靜、全心全意、沒有批判地聽，會讓人感受到收到大禮般的如沐春風。讓你有機會不需忙著擔心對方的誤解，或抗拒對方的評價，可以探索自己面對事情的狀況，可以發現自己正在想些什麼，可以因著述說「消化」所思、所想與所感，可以擴展視野，可以看清楚更多脈絡，可以煥然一新、得到疏通、鬆下石頭。

當不再互相傾聽時，關係容易出現危機。每個人都希望被了解、希望以本來的面貌為人所疼惜。好好聆聽可以更深入地了解伴侶，當你的伴侶感受到被聽到、被了解，會由心感受到存在、感到自信、感到愛。

3. **常說「愛的語言」**：在說話前，有意識地覺察說話的目的是什麼？此刻為什麼要說這些，我是要幫忙還是要批評，我是想告訴對方我很厲害還是想了解對方，我是想嘲弄、傷害對方嗎？

咒罵和攻訐的惡語，只會讓事情更糟，把自己和對方推向痛苦。少抱怨，多讚賞，對方如我一樣，需要被看見以及有價值的存在。當然，有需要也要清楚地讓對方知道，比如：「親愛的，我很痛苦，我很生氣，我要你知道。」「我正在努力了。」「我現在需要你的幫助。」等。

請記得，愛是活生生的，是有機的，一行禪師曾提醒我們經常向對方說愛語，表達愛：「親愛的，我在這裡陪伴支持你。」「親愛的，有你陪著我，我很快樂，我感到幸福。」「親愛的，我知道你在受苦，所以我在這裡陪伴支持你。」

當你持續澆灌愛的種子，它會茁壯生長的。

4. **分享自己也好奇對方的成長故事：**教養孩子時，孩提的經驗和遺憾常常會跑出來影響你，而你的另一半也是從幼童慢慢長大，當然也會有許多成長的故事影響著他（她）。

在生活中多多好奇對方，也多多述說自己。包括：在和孩子差不多的年紀時，是如何過日子的？當沒有達到父母期望時，他們會做什麼？對自己有什麼影響？重要日子，如生日、節日是如何過的？小時候的夢想？小時候的生活？小時候都會玩什麼遊戲或在做什麼……等等。

透過好奇對方的成長歷史，會幫助你更加了解他（她）的「在意」或「不在意」，也許也會窺見曾經的傷痛如何影響著他（她）。當對方固執著、難以溝通時，你會知道不一定與你有關，這時讓出一些生理和心理的「空間」，不直踩對方的「地雷」，而是轉而給對方些溫暖的語言，也讓自己安靜地待一會，調節一下，等待適合的時機，再帶著善意重新溝通。

透過述說自己，也可以給自己機會再次往內在去聽到被自己理性所壓抑與塵封的故事。也許你「重述」（re-telling）故事時，會有新的觀點、角度，去看待過去、理解過去的發生，這樣的「翻新」將可能帶出過往成長故事的「新意義」。

有緣能成為夫妻（伴侶）是很不容易的，願意分享自己也好奇對方的成長故事，會搭建出心橋，串連彼此。而聽懂自己和對方的故事，接納自己和對方的故事，也會孕育出專屬彼此的療癒和復原力。

與另一半建立合作式共親職關係

當小孩出生後，育養孩子常常成為生活的焦點，有時候大人光關心照顧孩子的吃喝拉撒睡就忙碌不堪，無暇打理自己，何況是另一半的狀況。甚至可能完全忽略，因為你覺得對方是大人應該自己來做，不需要你幫忙，而你也忙到沒辦法顧及對方所體驗的生活和壓力。同樣地，對方也可能忽略我們所體驗的。如果這樣的情況太頻繁，甚至覺得習以為常，慢慢就會影響到彼此同心協力分擔家事和照顧孩子事務的狀態。雖然成為父母，有了新的角色需要學習和煩心勞力，別忘了持續澆灌夫妻（伴侶）之間的愛，當情緒、渴望、需求和想法被看見、接納，感受有了出口，教養困難和衝突就會好像不那麼沉重，甚至迎刃而解。

詩云在事業正旺時，生了兒子。為了孩子的健康堅持餵母乳，但是兒子愛哭、常不知怎麼地吐奶，讓詩云神經緊張到不行。在先生大半時間在海外工作，很難實質地幫忙下，每天能睡滿四小時就謝天謝地，於是她壓力大到一聽到哭聲就對著嬰兒狂叫。等到找到情緒宣洩出口，以及與先生共同商量如何一起合作當父母，歇斯底里的症狀才緩解。

另外，經營支持合作的共親職對孩子有很多好處。保羅．阿馬托（Paul R. Amato）（二○○四）認為父母如果維持「合作式共親職關係」（cooperative coparental relationship），能讓子女經由觀察父母的情緒支持、表示尊敬、清楚地溝通、以及談判與妥協調解爭端的雙人社交技巧（dyadic skills），學習並內化社會常模與道德價值，使得子女與同儕間的關係較為正面，以後與親密伴侶也能建立正向的關係，而享受較高的幸福感（引自林麗玲〔2006〕，〈青少年家人關係與幸福感之相關研究〉頁60）。

到底金桔樹需要什麼呢？

我有一位女性朋友，在家裡種了一株金桔樹，因為天氣多變，時而颳風下雨、時而太陽剛烈，所以金桔樹的果實及葉子掉了一些。朋友很心疼地趕緊拿了塑膠袋把樹包住，免得被風雨傷害。然而，他的先生認為此刻金桔樹需要的，是從根部而來的水分，才能得到根本的滋養，才有能力抵擋外在的侵害，自然的雨水正是金桔樹要的，包住它反而無助於生長。

我想這視情況而定，當評估風大雨強對幼苗有傷害時，給些輔助性的保護；其他時候，金桔樹也得自然體驗風雨日晒，獨立生長。二者配合照顧，金桔才可長得好吧！

就像這棵金桔樹般，孩子除了保護之外，也需要透過各種試煉，才能茁壯、有力量地生存著。父性（陽性如太陽）和母性（陰性如月亮）能量都是一個人在成長中需要培養的（每個人都需發展內在的父性與母性能量），所以在教養的過程中，這兩種能量是缺一不可的。天性使然，母親較易自然地呈現包容、體貼、溫柔母性的保護面，孩子因此得到情感的滋養。如同金桔樹的成長，孩子也需要理性、勇氣、計畫、分析的能量，父性能量的注入，將幫助孩子發現從根部而來的能力、力量與潛質。

也因如此，自然也安排了兩種力量在孩子身邊。也就是生命中兩個極重要的人——父母，一起合作給予孩子保護及教育、社會化的力量。

祝福你和另一半（共親職夥伴）：都能帶著愛意，相互支持合作、參與、經營、照顧及養育孩童的共親職。當我們與另一半（共親職夥伴）的關係具有愛意和相互支持，那麼整個家庭中的人，包括最親愛的孩子，都能被滋養感到幸福。

知道自己的不知道

在印度有個抓猴子的方法，獵人在挖空的椰子中放進香蕉，只留一個足夠讓猴子手穿進的洞，但這個洞非常巧妙，鬆開的手可以自由進出，但是猴子的手如果拿了香蕉，就會被卡住。這天，有隻猴子發現椰子中有香蕉，便把手伸進去抓住香蕉，但因為猴子不願意鬆手，於是被困在原地。

不禁讓我回想，自己在當媽媽的過程中，彷彿有些時刻，我也是那緊緊抓住不願放手的猴子！

緊握「香蕉」的母女

記得在女兒剛上小學時，本來在幼兒園充滿活力、可以大聲說再見的她，變成了淚眼婆娑的娃兒，每日都上演不想上學的戲碼，我和先生花了好多心力回應並找對應方法。

當女兒說：「妳陪我去，不可以離開我。」我只好經常請假去陪她。

當女兒又說：「一定要早點來接我。」只能和先生協商，無論如何兩人之一都得在下午六點前到安親班接女兒下課。

當女兒再說：「我不喜歡安親班的菜，都不像幼兒園的。」我能做的，就是感同身受女兒無法吃到幼兒園味道的失落，同時也陪著她向安親班說明並理解女兒的需要。

最後，女兒又說：「老師都叫我不要哭，可是我忍不住。」身為媽媽的我，能再做什麼呢？陪著女兒向老師表達當自己哭哭時，需要抱抱與加油就能繼續面對挑戰。

只要女兒能提出來的，我都會和先生一起協調安排，全力以赴解決。一心想著，我們都有認真對待她的需求，按過往經驗，我知道應該是沒問題了。沒想到過了幾日，女兒仍還是淚眼汪汪地說：「不知道為什麼有個小朋友對我好兇，和她打招呼就瞪人，我不喜歡。」聽著女兒的抱怨和傷心，開始覺得已經做了這麼多，夠了吧？女兒一直以來不太怕生，也很願意嘗試新經驗啊？為什麼就不能像幼兒園一樣每日開心道再見呢？

當我越期待女兒像以前一樣開心上學，我發現心中焦躁與煩悶也跟著湧起；越抓著「應該順利說再見上學」的念頭，就越無法實現。我深刻記得當時想衝動地罵人之前，我讓自己深呼吸幾口，暫停一下！就在這個暫停的瞬間，我覺察到我和女兒都在用力地握住過去的「知道」不放啊！我一直拿「我知道以前這樣做就可以」來面對女兒的幼小銜接，所以認為自己已經做那麼多，孩子一定可以快速適應。當事與願違，就更著急。而女兒的心，一直停在過去的幼兒園如何好，又怎麼可能適應新的環境呢？母女倆就像那隻緊抓香蕉不放的猴子，最後既得不到香蕉，也困住了自己。

放下「知道」，迎接新的眼光和勇氣

於是我鬆手放掉對女兒應該和以前一樣的期待，放下原來以為的知道，帶著「不知道怎麼回事」的好奇，好好地看「現在」女兒需要的是什麼？如何做才能增加孩子適應新環境的勇氣和能力？

當我放掉「我認為的知道」，好奇孩子在說什麼時，智慧也隨之而來。仔細聽完女兒描述和同伴的情境，我記起了曾和女兒一起看的日本卡通《我想當第五名》，主角律子本身有肢體障礙，因此老師要求大家多多照顧，卻引起同學笑子吃醋。笑子擔心不再被老師注意，所以開始聯合同學嘲弄、欺侮律子，讓律子非常難過也不想上學了，最後在心理師的幫助之下，律子了解笑子的心理障礙，同時接受了自己的生理障礙，更勇敢地交到朋友。

當時女兒很受律子的故事感動，於是我和女兒分享：「這陣子妳在安親班不適應，常常掉眼淚，因此老師比較常關心妳，這個很兇的小朋友心情會不會和笑子一樣，有點吃妳的醋呢？」女兒愁苦的臉頓時綻放一抹笑容說：「對！我好像律子，說不定那位同學也有心理障礙。」

女兒從原本只顧著低頭為自己哭泣，到後來能抬頭看到別人的困難，開始展開新眼光和勇氣，也開始調節自己去適應新環境和生活。

其實只要鬆手，猴子就可以重獲自由。但更多時候我們都忽略了，自己就好似那隻緊抓住香蕉不放的猴子，深信自己一定需要這根香蕉，所以打死也不願放手地困住了。試試吧，也許放下之後，會發現有更多椰子外的香蕉，正等著我們呢！

蘇格拉底曾說：「唯一真正的智慧，就是知道你一無所知。」當父母在教養時，越是認為自己很懂，越是抓住自己的以為，就是把自己鎖得越牢。放掉「我就是知道」的封閉性結論，知道自己有時候並不知道，才能在教養路途中隨著孩子不同成長階段的不同議題，一次又一次地保持開放、敏銳和彈性，去面對和處理生命的神祕。

每個生命都是神祕和值得尊敬的。就像印度人、尼泊爾人、泰國人，向人問候說：「Namaste」，同時會雙手合十放在胸前，頭輕輕點一下，表示由心底尊敬對方的存在是神聖的。孩子當然會向父母（大人）求助、學習，然而在養育孩子的旅程中，他們也教導和提醒我們「許多的不知道」。所以，父母（大人）也該向孩子說聲：「Namaste」！

很多時候孩子「不可理喻」的行為是個訊息，它是冰山表面，你容易看到與知道。但是，海平面以下那些你不容易看到與知道的，卻占整座冰山的八成以上，那兒存放著孩子內心真實和渴望的大量訊息。當我們願意鬆手放掉「我以為」，「知道自己的不知道」並帶著「尊敬生命」的謙卑時，就容易收到和看見孩子發出的訊息。

我們真的知道不多，而不知道的事遠比知道的多更多！

身為父母知道自己的不知道，就是智慧的開端。因為你會保持謙遜與開放的心去豐富自己不知道的「教養地圖」。比如去了解關於孩子身心發展、學習、情緒調節、心理學、依附……等等發展知識和訊息。

身為父母因為知道自己不知道，能從心底「尊敬」眼前的生命體，願意保持謙遜與開放的心，好奇眼前的孩子。當你看見更多、了解更多，你會發現有很多選擇，而能明智的從其中選擇適合當下的教養育行動。

做個心在當下的正念父母

以下這些場景，是否似曾相識？

下班回家吃晚飯時，想著白天工作明明是主管沒弄清楚，不明究裡把客戶不滿的責任丟給自己，心裡滿是情緒和委屈，很懊惱沒有第一時間為自己說話……就這樣邊想邊吃，飯扒完了，自己吃進什麼、味道好不好都不知道！

洗衣時想到工作上還有份很重要的計畫尚未完成，匆匆處理，讓本來應該要分開洗的深淺色衣物，全都一古腦兒丟進洗衣機裡了。

打開電腦準備要寫工作計畫時，想到大女兒快要期中考，應該要去看看她，跟她聊一下目前準備的狀況？於是進房和女兒說話，說著說著腦海又閃過明天是弟弟的生日，怎麼辦還沒有打電話訂蛋糕……女兒冷不防地說：「你有在聽我說話嗎？」幫弟弟慶生時，孩子開心吹著蠟燭，這時你突然大叫等一下先不要吹，因為要先拍照才能分享到臉書上……

身在心不在

當我們做一項熟悉的任務時，心裡常同時想其他時間和地點的事情。這種容易走神、容易分心的狀況，即使在我們選擇（並且真的想）專注於一件事情時也是如此。

「心智」可以時間旅行！它可以很容易地思考過去和未來。父母也不例外，當你在教養，「人在這裡，心四處奔忙，忙著檢討過去，擔憂未來」，處理著不是「當下」的事時，孩子會感受到的。

女兒小五時，有次和她一起做飯煮菜，我哼起了小時候常唱給她聽的搖籃曲，她幽幽地說：「媽媽妳知道嗎？我聽到這個旋律常常會有一點點糾結悲傷的感覺。因為小時候妳會唱：『寶寶睡、寶寶睡，明天才有精神上學啦……』其實我很喜歡睡前的抱抱親親，可是本來很放鬆，聽到『明天……』，心情就會突然沉沉的。」

天哪！我常常擔心未來，總是希望不要出錯，而計畫著下一步要做什麼的慣性，在當媽媽唱搖籃曲的時候，居然自動跑出來。雖然是想在當下（being）道晚安，祝孩子好眠，唱出的歌詞卻透出「明天」，勾起要努力「doing」的神經，讓孩子的心糾結與悲愁著。是的，心的慣性就是這麼無孔不入。好險，女兒直接表達，讓我有機會對當時的無知（不知不覺）傷了她的心，和女兒道歉，並與孩子分享自己正在學習和訓練正念在當下的心靈肌肉。我還記得，她當下回應我：「我喜歡現在的媽媽，身在心也在！」

「心不在當下」的父母，在教養現場真的還不少，如：心跑到過去沒辦法、沒機會學琴的遺憾，因此不管孩子當下對舞蹈的興趣勝過學琴，就是一定要孩子學；心跑到未來的焦慮，擔心孩子未來的競爭力，拚命地塞各式各樣的學習和活動，看不見此刻孩子「身心過勞」，失去學習的樂趣和動力；孩子晚回家，想著他一定又偷偷去玩，心被自己生氣情緒占滿，開始辦案定罪，無法聽到孩子當下對朋友不知道如何拒絕的困難。

如果教養孩子時，我們總是「人在這裡，心四處奔忙，忙著檢討過去，擔憂未來或抓著自己的執念」，就很難在當下「對焦孩子的狀態和需要」，這時教養行為可能就會失焦。而跑離的心也常常會「吞噬」掉孩子，造成孩子抗拒，於是教養不但無功，還可能有反效果和破壞親子關係。

積極共鳴的微小瞬間

其實你知道嗎？就在你和孩子相處時，那些非常微小、轉瞬即逝的「人在心也在」的當下同步時刻，所發生的美好及令人產生正面感受的共振同頻，會讓孩子感受到「愛」的連結。積極心理學專家芭芭拉・佛列德里克森（Barbara Fredrickson）博士稱這個同步時刻為「積極共鳴的微小瞬間」（micro-moment of positivity resonance）。

這些你與孩子無數「積極共鳴的微小瞬間」，不只是傳達愛而已，這份感受到正向情感連結的愛，也影響著你和孩子的身心健康。研究發現當人面對面注視微笑時，這樣瞬間同步連結的美妙感覺，會立刻席捲兩人的大腦和身體（包括彼此的姿勢和生化指標，甚至神經元的發射，都會構成一種鏡像相互對應），這能調節與撫慰彼此，並增強同感能力和改善健康。

也就是說，別小看父母對孩子當下同在的情感連結，這對孩子大腦發展情緒調節、等待力和挫折忍受度等功能相當有幫助。芭芭拉・佛列德里克森更發現透過這樣的正向情感連結的循環，會提升人的免疫力，改善心血管健康，提高韌性和敞開心胸與人建立良善的關係。

但是，可能有許多父母會認為——我生活已經很忙，有許多事要做，需要完成的事也很多，現在孩子就是出現生活懶散、做事拖拉、自控力差、沒有學習動機、作業不認真、馬虎、注意力差、不專注、缺乏自信、依賴父母、易放棄、情緒暴躁或低沉、人際關係很差……等問題，就是要快快知道方法和答案，快快解決問題就好，何必花時間情感連結呢？

我的實務臨床經驗發現，過速則不達！因為通常大人越想快速除去問題，就越想修正孩子或對孩子做更多，如：指示孩子、或者抹掉孩子的不適，分散孩子的注意力，不讓孩子體驗感受，這樣親子間更容易膠著在問題的表面拉扯。反而是麻煩的問題慢慢辨，先花時間關心孩子，與孩子當下情感連結，接納並相信孩子有智慧會為自己的健康和快樂負責任，問題就會慢慢疏通並終獲解決。

很多時候問題不是問題，如何面對和看見問題背後渴望的「情感連結」才是重點。當你花時間，先和當下孩子的情感連結，而不是一直看著問題要改變孩子，你會傳達：「我在、我聽到、我了解、我關心」的同在訊息，是安心而沒有威脅。

孩子透過感受到父母即便不同意我「這麼做」，但關懷我這個「人」的善意，與孩子這個人「同在」以及「情感連結」。在孩子一次又一次經驗到被理解和接納的關係時，就會大量減少因為沒有被看見、感到自己不重要、沒價值而出現的問題行為。很多時候還能夠使原本就存在孩子身上的成長潛能（包括：情感調節、自由地探索、測試各種界限在哪裡、分享生活中害怕的事情、願意改變等等）獲得釋放和練習。

情感連結需要你在

當然，**情感連結的同在**並非父母總是要同意，或是必須讓孩子快樂或沒有困難。它是指情感同調、共鳴，感受到被接受、適當地被回應情感的需求。情感連結的同在不是討好，更不是交換，而是一份心態和意願。在情感連結的同在關係中，孩子能夠了解，父母和我有許多相同，但是我仍是獨特的，我也可以和你不一樣的安心。

在當下與孩子同在很重要，但是建立連結的同在並沒有聽起來那麼簡單，你得先培養和自己同在的能力。假若你經常心不在當下，不知道自己的身、心、環境等正在發生什麼；很少注意、接納自己的不舒服；很少就在當下透過小小行動關懷自己和自己同在，通常就很容易捲入忙著檢討過去，擔憂未來或抓著自己執念的狀態，很難在當下看清楚、並對焦孩子的情況和需要。

無法在當下與自己同在、安頓自己的身心，如此混亂的自己，是很難有餘力（能量）支持孩子、敏感地回應孩子、以及與孩子在當下深度情感連結的。這也就是我一再強調的當父母「這座花園」枯萎、沒有生命力，將很難去灌溉、滋養另一座花園——也就是你親愛的孩子！

你常常內心很忙碌，心不是跑去未來排演生命，就是跑到過去想改寫生命，完全不是全心臨在嗎？

培育正念最大的好處，就是幫助父母鍛鍊自己的心，不被「過去」、「未來」或「執念」帶著亂跑，而能活在此時此地，同時對自己當下所有的感覺、想法、信念有覺知，不失去與當下的人、事、物的連結，不錯失生活經驗中的質感，低估每個當下生活經驗的價值與意義，能好好品味當下生活滋味。

當然培育自己正念，心在當下，不可能就沒有教養問題或對孩子的問題都能有解答。卡巴金曾說：「正念並不是所有生命或為人父母所有問題的答案，為人父母並沒有簡單的答案或一貫的解決方法。」事實上，當我們有意地把注意力放在當下的情緒、想法和感受上，能覺察自己自以為是的現象，學習不被念頭、想法、情感所遮障，看見事情本來的樣貌而並不是自己想像或想要的樣貌，就已經往前邁一大步了。

培育正念，幫助我們就在每個當下，能新鮮且深入地看到、感到、了解我們自己和孩子。當你心如明鏡時，對生活的狀態、問題自然就看得清楚，減少教養失焦，而且可以就在當下傳承很重要的生命養分「同在的情感連結」。

我在二〇一八年為一行禪師《與孩子一起做的正念練習》（橡樹林出版）寫序文時，

透過領略書裡各種可愛的正念練習，我也從中發想了一個「活在當下，感受連結」的練習，和你分享。

正念練習 40 活在當下，感受連結

任何時刻，當你覺得心很亂，感受到自己心到處奔忙、煩雜或失去連結感時，你可以試試看：

1. 清理心的空間

找一個舒適、穩定的姿勢坐著或站著，讓自己的注意力聚焦此刻的呼吸一會兒。若注意到思緒很多，可能跑到過去，或更遠的過去，就知道那些是腦海中過去的想法。看見它、把它們清理出來，找一個心的空間暫放到一邊（若你需要，也可以具象化地把想法畫出來或寫出來，然後安放在一邊）。也許，你也會發現心跑到未來去了，像是今天還有什麼要做，或更遙遠的計畫。沒關係，就是發現、知道，然後就把它一個一個先安放在心的祕密基地或寫出來、畫出來。把它們放在你隨時可以找到的小空間，之後把注意力再次回到此刻的呼吸。等到你感到一些清晰和平穩，不再那麼心亂如麻時，再開始進行你當下正在做的事，或

接觸要接觸的人。

2. 當下與天地和大自然連結

走到戶外，坐在或站在一棵樹、一株草、一塊石頭、一朵花、一條小溪旁，單單與天地和大自然連結。正念呼吸，打開所有五感，接觸天地和大自然的奇蹟，自然就會停止頭腦的思考，也會釋放身體的緊張。

一行禪師提醒我們，如果我們看不到大地之美，也許是有什麼東西擋住了路，或許我們正忙於尋找些什麼東西，所以聽不到天地和大自然的呼喚。大地母親在說：「我的孩子啊，我正為你而來，我正為你獻上這一切：陽光、鳥鳴、清溪、春天的櫻花、四季的美景……」如果我們看不到或聽不到，是因為心太滿了。

3. 與自己同在

有意圖地為自己找個時間，靜靜地坐著，喝杯放鬆的茶或咖啡等自己喜歡的飲品，靜靜地聽聽自己內在發生了什麼事。透過正念呼吸，回到自己的身體，與自己同在，用愛和理解來照顧自己的感受。因為傾聽自己是聆聽他人的先決條件，也是給孩子、家人和世界的善行。

4. 給出愛的連結

當我們與自己同在，傾聽自己的聲音，並透過正念呼吸，恢復平靜和飽滿的精神後，請帶著「當下和你同在」的意願，全然臨在地傾聽所愛的人，這會幫助你聽到他們所說的和未說出口的。

感受到愛的第一個前提是「安全」。當人們感到受到威脅時，他們不會體驗到愛。而感受到愛的第二個前提是「連結」。這意味著當我們能夠在同一個空間，與對方有眼神交流或各式語言、非語言接觸，給對方你的全然臨在和支持，愛的感覺會滲入對方的心，他們會感受到被傾聽和接納並願意釋放心中的痛苦。

身為父母不可否認生活總會有各式各樣的問題和壓力出現，許多分心事物會干擾父母內在心緒，然後可能阻礙父母看見孩子的需求，影響自己平靜和自信回應孩子的能力。這很正常，但「心在當下」的能力，是可以練習的。

把心帶回當下

本書所有各式培育正念的練習，都可以幫助大家自主訓練強壯「心在當下」的力量。

邀請你在生活中依自己的需要搭配練習。除此之外，在日常生活中，經常問自己，「心在哪裡？」如果發現到心已經離開了當下這身體正在做的事情，就溫柔地把心再帶回這個當下，不論是走路、飲食、靜坐、工作或洗澡……隨時培養人在心在的習慣。這樣你的正念心靈肌肉就會越來越強壯，這份「心在當下」的能力也會轉化到你和孩子在一起的時候，你會容易展開慧眼，不帶評價性地看見「孩子在做什麼？」「孩子可能的想望？」「現在最重要的是什麼？」而與孩子的當下連結。

苦樂交融的人生中，我們唯一可以用的時間就是「當下」，我們尋尋覓覓的一切也在這——當下！

當下，才是我們可以完全活出生命、拓展心靈的可能性，創建連結的時間！

讓我們一起做個心在當下的正念父母——時時刻刻，保持好奇開放的心，覺察自己所思、所想、所感及周遭（包括孩子）的所有，對自己與孩子展開智慧與愛的行動。

父母愛的行動

試著想像一個關於你我生命中都曾出現過的畫面，當孩子回家說：「在學校同學都不理我。」這時我們習慣的反應是什麼呢？

「為什麼同學這樣，你有告訴老師嗎？老師有處理嗎？」

「幹嘛那麼在意同學，做好你自己就好。」

「他們有打你、罵你嗎？」

「你做了什麼事讓人討厭？」

通常我們有無數的話語會傾瀉而出，擔心的話、生氣的話、不耐煩的話。也許我們的心很快游移到焦慮未來，如果不說清楚，孩子可能會遇到危險，所以要防止。也許我們的心很快陷入過往的遺憾，如果不講明白，孩子可能會再次受苦。也許我們的心正糾結在自己的煩躁世界中，說出口的，全是不耐煩的話語。

如果你願意先暫停一下，當下反射性想給孩子的建議。張開眼睛打開耳朵，仔細觀察聆聽孩子當下的臉部和聲音表達，讓他多說些之後，我們可能會發現，孩子只是要我們了解他的孤單與勇氣，而他正嘗試用自己的方法解決困難中。很多時候，孩子遇上困難，有時只是需要我們的理解與支持，陪伴他看清楚問題是什麼？而後，他就能努力為自己嘗試，並樂意找到解決方案。你會發現，這時的孩子，希望的是被父母聽見與看見，並和他全然地在一起！

老實說，**把雙耳擺在前面，當一位認真聆聽的父母**，是件相當具有挑戰性的工作。它要求你得學習，如何在充滿疑問、不滿、不安或焦慮等五味交雜的心境裡，仍然有意識地提醒自己保持醒覺。上天很奇妙，給我們兩個耳朵一個嘴巴，就是希望我們多多聽吧！而我也相信沒有人想要別人一直告訴他該怎麼做，而是希望被聆聽，透過聆聽讓自己的感受被理解、接納與支持，並由衷發現自己的能力與存在！

從此刻開始，我們一起透過把雙耳聆聽擺在前，學習「用認真聆聽與孩子同在」！**因為當下同在，是陪伴孩子成長最棒的禮物。**

只有爸媽才能給的禮物

有紀念意義或是儀式感的節日，孩子們總是期待收到許願清單的禮物吧！「要準備怎樣的禮物，才能讓孩子喜出望外、心滿意足，同時也對他有幫助呢？」除了不能千篇一律、敷衍了事，還要思考價錢和價值是否匹配。有些禮物換來孩子打開時幾分鐘的驚喜快樂，隨後就塞在角落蒙灰，甚至成為日後整理打掃的負擔；有些禮物背後蘊藏爸媽的用心，卻換來孩子面露難色，幸運的話還可以得到他們的一句：「雖然不是我想要的那個，但是還是謝謝！」

準備禮物真不容易，每位爸媽也都竭力發揮創意在準備。不過，親愛的爸爸媽媽，有沒有想過，**「你」就是孩子最棒的禮物！**

孩子的成長路上，我們如何澆灌孩子？在教養孩子的過程中做了什麼？當孩子在分享時，我們是否有專心聆聽？當孩子要求多陪他一會兒時，是否能放下手邊事，全心全意和孩子同在？會不會有「人在心不在」的陪伴？

有形的禮物也許會讓孩子興奮一下子，但是無形的禮物可是會影響他一輩子！**有個禮物很特別、簡單又無價**，只有爸媽才能給出，那就是「同在」——全心全意與孩子在一起，哪怕只有幾分鐘的時間，放下手邊與心中各種事物，全然地聆聽孩子想法，完全把心和注意力放在他身上，在這個完整的時間裡了解孩子的感受、情緒，不急著要說教或給出建議，就是單純張開雙耳和心耳，面對眼前這位獨一無二的孩子。

即使是短短的幾分鐘與孩子「同在」，都能夠讓孩子感受到愛與溫暖，這將會成為孩子一輩子的珍寶，可以時常拿出來品味，得到滋養！當他面對成長的挑戰時，這也將化為支持他面對挑戰的動力。

記得小王子的故事中，狐狸希望小王子馴服牠、和牠建立關係，於是狐狸告訴小王子：「我的生活很單調，我獵雞，人獵我。所有的雞都一樣，所有的人也一樣，可是如果你能馴服我，我的生命就好像有陽光照耀著，我會知道有一個腳步聲和其他人完全不一樣。別的腳步聲會讓我急匆匆躲回洞穴中，而你的卻像音樂般，會把我從洞穴吸引出來。你看見遠處的麥田嗎？我不吃麵包，小麥對我一點用都沒有，麥田對我也無意義可言。真可悲！但是你有金黃色的頭髮，想想看，如果你馴服了我，那會多美妙？同樣金黃色的麥，將讓我想起你，而我也將愛上聆聽麥田裡的風聲……」

一份理解與接納的關係是有力量的，它可以改變一個人對世界的覺知。就像狐狸因為小王子的關係，對麥田打開新的覺察和觀點。而「同在」是關係的超級維他命！

這份「同在」的禮物，只要父母有意願、把心準備好，馬上就可以送出！其實很容易卻也很不容易，需要有意識地自我提醒，帶著想給孩子生命禮物的意願去反覆自我練習，做到「人在、心也在」的陪伴。老實說，「同在」的能力是身為父母在親職教養上很重要的基本功。

有意識地練習與孩子同在，不是富貴人家的專屬，也不是貧窮人家的私藏，而是任何一個家庭、父母或大人都能送給自己與孩子的人生無價之寶！

親愛的讀者，你收到「禮物」了嗎？又或者你已準備好，送出「禮物」了呢？

你不會的，你就教不來

就像騎腳踏車一樣，如果你不會騎，即便你理論說得頭頭是道，依然很難教會別人如何騎車。當你教孩子注意力要集中，思緒不要亂跑，如果你常心不在焉，不知道如何讓自己溫柔、堅定地將注意力帶回當下，你說的也只是你做不來的「道理」，你很難接地氣地教孩子如何練習專注力。

教養是將一個孩子培養為成熟的人的過程，更是生命影響生命的過程。父母（照顧者）對孩子來說，是很重要的生命示範與滋養的源頭。你不會的，真的教不來！就像所有「師父」、「導師」、「達人」，都得先從自己練功開始，豐厚、內化、言行合一，才能讓人如沐春風，心悅誠服地學習。

先從自己練功

當你自己從實際操作中，了解注意力就是會跑來跑去，透過不罵自己，一次又一次清楚自己的意願，溫柔堅定地將注意力帶回此刻，深刻體驗「我可以選擇」注意力時，你就會知道如何帶領孩子練習心在當下的專注力。

當你能細細接收、覺察身體訊息，注意到身體的變化，找出什麼地方感覺著壓力和緊繃，那兒甚至藏著情緒，能幫助自己及時地照顧和調節自己的身體。比如：當覺得肩膀很緊繃的當下，就可以調節，放掉過多的肩部用力。你將會知道如何幫助孩子打開身體的智慧，學習照顧自己的健康。

當你能和情緒做朋友，歡迎它光臨，即使是不愉悅的生氣、難過、沮喪、挫折、罪疚、害怕等情緒，不排斥也不罵它，聽見「情緒客人」要告訴自己的事；不掉入「情緒客人」的激流，緩緩地調節和安撫過激的「情緒客人」；能以主人之姿，按客人的狀況，採取不同的款待方式，也知道什麼時候送客。

在孩子暴怒搥枕頭、丟東西、打著你消耗怒氣，你會了解孩子正在宣洩無法處理的一團怒氣，他需要你的幫忙。因為放任孩子發洩只是會暫時造成疲累，讓身體以為不氣了，而你清楚，當你越刻意發洩怒氣就越滋長它（近來研究也這麼發現）。最好的方式是，在孩子激動的當下，維護彼此安全，透過語言和非語言（如：抱住他）讓孩子感受到你理解他（她），不壓抑或指責孩子當下生氣的體驗，和孩子同在。透過你的安撫，陪孩子調降生氣的溫度，待孩子較平穩時，幫助孩子理解生氣本身，並看清楚它的源頭。

只有當你能與情緒同在，調節情緒，你才會了解如何與孩子情緒同在，陪孩子長出情緒調節和管理情緒的能力。

只有當你能與壓力共處，知道人不可能沒有壓力，壓力不是壞事，適度的壓力感可以幫助人變得更加警覺，更加專注，會激發人的創意，讓人行動積極，並且更加敏銳。知道與壓力相處重要的是，就在當下用「這是挑戰」的眼光，取代「我被威脅」來看待和因應壓力事件。學習「正念」面對壓力，並於過程中適時地給自己身心休息恢復的時刻，緩解壓力帶給自己身心的影響。那麼，在孩子成長過程面對各式壓力時，由自己親身練習「正念與壓力相處」的經驗會引導你，幫助孩子學習在各式挑戰與壓力下，以專注與慈愛自己來與挑戰及壓力共處。

只有當你受苦時，能對自己正在掙扎的情感需求提供支援、安慰自己；能做些滋養自己的活動（如：覺察呼吸、掃描身體、正念伸展等等），幫助自己的身體舒緩和平靜；能清楚地了解正在經歷的事情、現在需要什麼，以友善和溫柔的態度，接受（接納）事情是痛苦的，為痛苦而做些善待自己的行動，也就是富有慈悲心的方式與自己在一起。你就會明瞭當孩子受苦時，他需要你哪方面的幫助。

將正念具身體現

你不會的你教不來，並不是要父母上知天文、下知地理、琴棋書畫、國英數理……樣樣精通；更不是要求父母要一百分，要完美不出錯、要總是心平氣和、很有耐心、很有精力，或者在孩子成長過程中，不可以讓孩子經歷挫折、要孩子完全健康、完全快樂。這樣反而容易讓自己緊繃，因為當你的起心動念是「完美」、「無差錯」、「完全陪伴在側」，這樣的心容易帶動過度要求的教養行為，孩子感受到的將會是大人的焦慮和不安，這對孩子的身心發展和彼此的親子關係並不會加分。

你不會的你教不來，是指當你說的（如：保持正念、正直、寬恕、慈愛、耐心、不固執、放下、不要情緒暴躁、別一直玩手機、不要打人……），你自己無法「具身體現」（embody）在生活中，你是教不來孩子的！

然而，無論父母多麼具身體現，孩子仍然會有不健康和不快樂的時刻。無論父母多想心平氣和面對孩子，仍然會有很難搞的情況出現，讓你覺得當父母真是一個災難、很生氣、困惑，想丟下一切。這是很多人在「父母生涯」中會有的心情，你並非唯一。有研究提到，初為人父母的頭兩年，承受的壓力甚至比離婚、喪偶或失業更大。

確實，育養孩子的歲月，並非都是愉悅的，總會有一些混亂和困難的時刻，讓我們感到很不舒服。但是，正是這些點點滴滴面對困難的時刻，豐厚了彼此生命的廣度和深度。

如果，孩子出現一些麻煩的行為，請記得很多時候他們並不是因為想讓你（或彼此）不好過，只是他（她）尚未找到更合適的辦法讓你「注意」。當你能放輕鬆，不過度警戒，有情緒時，先照顧自己，再帶著覺察與善意，和孩子情感連結，你的教養行為自然會發出一種平靜，你會知道如何回應孩子，才能夠傳達你的愛和真正想教孩子的事。

世上沒有完美的事物，我們也不必完美。「當父母」當然也是足夠好就好。沒有人能隨時隨地完美地與孩子同在，所能做的就是盡力和帶著堅定的意願——了解「具身體現」雖然不容易，但是知道自己和孩子會因此受益，願意去實踐。

不需完美，只需可以相信

孩子不需要「完美的父母」，他們需要的是「可以相信的父母」：願意帶著善意了解他們；願意用關懷的角度出發和他們一起面對困難和過生活；願意在當下，培養好奇、不馬上評價、允許、耐心、慈愛的態度，全心出席其中的父母。

參加正念教養團體的小陸，分享她的體驗：

「以往每當孩子與同儕相處有狀況時，我總不自覺地有種自責、愧疚的感覺，檢討自己是不是哪裡做得不夠好，才會讓孩子發生這樣的問題。以前我會透過閱讀親職教養的書、聆聽專家的演講，想強大自己的能力，但是，我發現很多時候自己做不到，就更自責覺得自己很差勁。然而，親身體驗正念教養課程，我領悟到應該先覺察並接納自己的情緒、學會照顧好自己，跟孩子做情感的連結，再來釐清問題的根源……當我練習正念與孩子同在，讓我有種茅塞頓開的感覺，原來自己有太多的固執，我總認為我的出發點是為孩子好，殊不知那卻不是孩子想要的。唯有放下自我的堅持，換個方式、換條路，才能看見不同的風景，滋養出更美麗的花朵。」

是的，教養專家說的、教養書上寫的都是別人的建議，可以成為參考也可以拓展視野。但是，每個家庭文化不同、每個孩子不同、你的情況也可能不同，不是每個「如何對孩子做，如何對孩子說」的建議都適合你。如果，你常做不來，不著急也不要罵自己，那也許表示你得花時間先照顧和整理一下自己這座花園。就像小陸一樣，當能穩住自己，就容易看見真正的問題。

當然這本書，能不能被你所用，成為你當父母的養分，更是得透過你「真修」才能

「實證」的。那就像你拿到許多漂亮的、神奇的、看起來很好吃很營養的食譜，如果你沒有實際去練習，終究不會成為滋養你的菜餚。

只有你自身的經驗才能為你的花園提供養分，那也才是最可靠也最有用的。也許過程中會有些失誤，有些不對勁，持續保持開放的覺察，尊重並接納此刻自己的真實感受，並嘗試帶上愛和關懷的行動。

你不會的你教不來，所以，請從自己開始練習吧！這是你的旅程，請信任自己，相信智慧就在你裡面，透過各式正念練習，去開發並與自己本來存在的愛和智慧相連。

善用本書，搭配課程

在當父母的悠長歲月中，難免有不知所措、歇斯底里的時候，而在傷害與無效的教養行為下，多數的父母親的心底，是挫折、愧疚與無助的。父母是很需要後盾、支持與喘息的。

在大漠中，人們喜歡圍在一起聽馬頭琴的樂音，寂寞的人、傷心的人、挫折的人……就在音樂的涵容與療癒之下，彼此滋養與互助。這本書，以及我在華人地區推廣正念家庭、兒少活動與正念教養成長團體，就是源自一份初心，希望能提供像馬頭琴般的樂音，給父母滋養，給父母們最真誠的撫慰與支持，讓父母知道，在教養的路途上，你不孤單，我們可以在擔任親職的路上，一同學習和成長。

我想，不管生活如何、家庭狀況如何，我們都有權利為自己安排一些有關父母角色的「在職訓練」，也有義務陪伴孩子發展自我的特質，讓我們在這個生命的事業——親職工作裡，扮演好自己的角色，不斷時刻覺察與學習，讓愛無礙，一同為自己和孩子的幸福而努力！

一滴水要流入大海很不容易，我們每個人都是一滴水，每一滴水加起來匯成一條大河，流向大海就容易多了。邀請你試著找找志同道合的朋友，也許是孩子的年齡和你的孩子差不多的家庭，安排可以一起互助的方式，成為養兒育女的朋友兼夥伴，互相給彼此支援與喘息。

當然，如果你願意，也可以善用這本書，或者直接參加MBPS正念教養成長團體，增能與充電。

這本書一開始說到，每個人都是一座花園，也是自己這座花園的園丁，一個乾枯雜草叢生的花園，是需要園丁花時間整理、灌溉，養育的。當自己這座花園沒有愛、歡笑、生命力，也很難去滋養另一座花園（孩子）。

當父母能學習滋養自己，能夠愛自己、照顧自己，能給自己關心和慈愛，那麼就更知道如何持續灌溉自己以慈愛的心，接納尊重地教養孩子。

由衷祝福

再次提醒所有的爸媽，滋養自己最簡單也最不簡單之處，就是從好好照顧自己的身體開始，時刻覺察身體在當下的狀態，關照自己的身體，看看它是不是平安，或是因疾病而受苦。

常常記得感謝並關照自己的肺、心、腸、腎、肝，看清楚自己身體真正需要的是什麼。因為我們很容易在忙碌或照顧著照顧孩子時，就只是無意識地照著根深蒂固的習慣作息，有時這些並非對自己都是適合的。

保持覺察，我們就會看到有些習慣對自己的身心有傷害，從而能改變並轉化這些習慣，清楚覺察自己的身和心，深深的理解和愛就會自然而然地升起，飲食和行為都會表達出對身體的慈愛。好好照顧滋養自己，而後有能量滋養孩子，讓家充滿健康和活力。

就從專注在當下，清醒、覺知地投入跟自己、跟孩子同在。持續培育正念，照顧自己，不只減緩壓力，內心也會體驗更多喜樂，在家感到平安，孩子也會感覺受到珍視、能在欣賞自己的環境中長大。

在此由衷祈願和祝福你——

可以在每個當下，

陪伴自己的身體，

看見身體多麼努力工作，

由心感恩這個不可思議，細膩合作的整個身體。

可以從當下的吸氣，感受到從心窩處接收天地的溫暖與能量，

可以從當下的吐氣，感覺自己心胸緩緩放鬆與休息。

願你心無憤怒、煩惱、恐懼、憂慮。

願你安全，沒有危險，不受傷害。

願你身與心平安、自在。

也願孩子們心無憤怒、煩惱、恐懼、憂慮。

願孩子們安全，沒有危險，不受傷害。

願孩子們身心平安、自在。
祝願我們心無憤怒、煩惱、恐懼、憂慮！
願我們安全，沒有危險，不受傷害！
願我們身心平安、自在！

後記——

與孩子一同練習「慈、悲、喜、捨」四個心念

在華人地區推廣MBPS正念教養系統（簡稱正念教養）時，總是有許多朋友因著時間或地點沒辦法參與成長課程或講座，一直希望我寫書，讓需要的人有機會認識和學習從本土實務經驗所發展的正念教養。因此，如何支持家庭要角中的父母、或是教育、照顧和服務孩子的各級老師、心理師、社工師等等，我一直放在心中，希望有朝一日能「花開」。

整整一年半的時間澆灌，希望父母（照顧育養孩子的人）暫時卸下教養者角色，好好照顧與滋養自己，為教養減壓，親子共好的第一朵花開了。

「這朵花」是我從母親角色和臨床教養、教育的工作中，體悟、練習和實踐正念鑲嵌在教養中的心得。教養教育者需要從自我覺察和自我照顧開始（自覺），就會自然長出覺察和滋養孩子的觸角（覺他），透過發掘內在的智慧與接收並轉化各種方法，找到適切教導孩子展開自我覺察（教他覺），並學習自我照顧和負責的人生（他自覺）。也就是說「教、養、育」是從「自覺」、「覺他」，再進入「教他覺」，而後「他自覺」的漫長歷程。

在牧羊少年奇幻之旅一書中，老人對牧羊少年說：「當你真心渴望某樣東西時，整個宇宙都會聯合起來幫助你完成。」非常幸運地，培育花開的過程，我享受到了這份充滿感恩的經歷。

感謝一路支持自己的台中和萬巒家人，尤其是兩位妹妹在疫情嚴峻之時，又於二〇二二年三月面臨父親病危及接著六月母親腦出血中風，承接了大部分父母的長期照顧事宜。先生神隊友，在自己追求夢想，不斷被考驗是否有持續下去的勇氣之際，總是用那份體貼的大手支援著我。因著他們的承擔，我能安心的寫稿，沒有他們的支持，不會那麼順利。

感謝在專業成長過程中滋養我的所有老師，包括奠基我專業發展的友緣基金會，以及包含兒少、親子、家庭專業服務，正念修習，還有歷代的國內外教育、教養、心理學家……等等。

感謝難以計數我所服務過的父母們、孩子們與朋友們。點滴服務的過程與其說幫助他們，我更想由衷感謝大家的信賴，讓我有機會陪伴大家成長，並在這過程中豐厚彼此的生命。

生命是一個巨大的網絡，因著很多人的付出與分享，我從而被滋養與受益。這本書所有的練習、體悟和心得都來自大家！我只是一個載體，在這個時節點上散播。

當然，更感謝正在閱讀本書的你，願意花時間一起練習、探索並滋養自己的生命花園。相信你也可以成為傳遞「滋養」的載體，成為慈愛的管道，透過這大大的生命網絡接受愛，也發送愛，讓愛到達更多的角落。

父母的角色，真的很辛苦，然而，我們也會在父母角色歷程中修習生命的慈、悲、喜、捨。看到孩子笑時，心裡升起一份感受，但願他（她）永遠快樂的慈心；看到孩子挫折哭了，心裡升起，但願他（她）不要有痛苦的悲心；當孩子碰到困難，努力克服過關時，他（她）很高興，看著孩子開心也為他（她）高興的喜心；漸漸孩子長大，要獨自生活，看著孩子離開的時候，知道生命可能有喜怒哀樂，不一定平坦，也不一定只有艱難，你的心學習著坦然地祝福孩子獨立生活和面對自己苦樂交融的生命，祝福孩子懷抱全部生命的捨心。這是多麼特別的緣分，你的孩子來到你面前，陪你練習這四個心念啊！

此刻，由衷地向女兒說聲：「謝謝！謝謝妳讓我有幸當媽媽，讓我由生命深處體驗和修習慈、悲、喜、捨！」

最後，在此感恩音樂才華洋溢卻於盛年就離世的哥哥，教我「無常」和勇敢跨出舒適圈開墾「心（新）」的花園。更深深感恩給我生命的父母，守護著「家的花園」，滋養我成長。我所有的智慧，都源自於你們！

感恩所有的所有，麗玲謹以此書，獻給大家！

林麗玲 二〇二三年二月二日於台北內湖

附錄1——

正念教養的真實案例

● 泌尿道反覆感染的媽媽（家管、小孩十一個月大）

生了小孩後，我覺得很不快樂。從前可以工作和朋友聚會，現在每天只面對小嬰兒的日子，讓我快要崩潰！加上我泌尿道會反覆感染，所以很神經質，如果腹部有一些怪怪的感覺，往往會很擔憂又復發而沒辦法放鬆。上完課後，有天腹部又感覺怪怪的，但這次我細細體驗腹部不舒服的變化，告訴自己身體只是在告訴我訊息，可能是提醒我要再多喝一點水而已。我用觀察者的角色在看我的肚子，頓時覺得很放鬆。很神奇地，腹部不舒服感就消失了。正念練習幫助我開始學習，當感覺自己快崩潰時，先停下來，聆聽自己跟身體對話、跟心對話、跟全身的細胞對話。我從來沒有好好聆聽身體的聲音，當我發現，我可以就在當下，專注自己、照顧自己的身體時，內心無比感動，無法用文字語言形容。當學習覺察自我，正念身體掃描、正念呼吸、正念行走，心裡的正能量一直一直地滋養著。以前從未跟自己line一下，現在終於連結了，真好！

急躁的父親（中小企業老闆，女兒四歲）

正念練習後有些變化，包括：我在與孩子相處時，能更多覺察到自己的行為；和孩子在一起，比較不會心不在焉；當要對孩子發脾氣時，先按捺一下，了解一下；允許孩子與自己的不同。我發現培養孩子的過程，也是修煉自己的過程，修好自己，無形中也能為孩子樹立一個榜樣。有覺知地提醒自己內心開放，接納，正念專注，放慢，戒急戒躁，我感覺慢慢找回平和的心態，能平靜地面對孩子各種問題。我覺得我開始可以找回許久沒有的開心快樂。這讓我的家庭較和諧，也使我更有動力去應付繁重的工作。

感覺迷失的母親（護理人員，兒子五歲）

面對生活，之前總是很容易迷失自己，有時甚至一直在忙，但總覺得自己渾渾噩噩，不知道自己想要什麼，很浮躁。看到孩子「不勇敢、不嘗試」，就很急、很氣。現在我學會更多地去接納他，試著站在兒子的位置去體驗他的感受，不再「簡單粗暴」地「push」他。

當我慢慢放下「要如何」的執念，我發現兒子其實比我想像的要勇敢很多。而我要做的就是有足夠的耐心去等待他，畢竟不是所有的孩子都是在以同樣的速度和頻率在成長。孩子，你慢慢來吧！媽媽等你！

●沒在聽的父親（工程師，兒子七歲）

我發現和家人在一起，我其實都在分心狀態，沒有用心聽小孩或是老婆在描述他們的需求，往往很快、衝動地說我想說的。現在我練習用全身傾聽，就是聽就好，先不帶有任何評價、偏見，也不要馬上給予意見。我發現在和小孩的關係中，讓我更能覺察自己的情緒起伏，因而更能快速控制自己的脾氣、降低想打人的衝動。雖然還是偶爾會暴怒，但是比較可以覺察自己與小孩之間的氛圍，以較客觀的態度來解決親子間的問題。

●容易發火的母親（銀行主管，兒子八歲）

練習正念帶給我的幫助是，遇到小朋友不好的習慣，或制定了計畫卻未按計畫地去實施時，我可以按捺住自己，不急於發火，嘗試專心聆聽小朋友對事情的想法，不會對小朋友提出的要求馬上否決，可以先詢問為什麼會這麼想或這麼做。我發現當我能對自己的身心展開覺察，就會多給自己一些照顧，放慢的生活節奏、學會專注在當下，既緩解了自己的焦慮，也減輕了帶給家人的壓力，在工作中對員工也能更多觀察、不急於評判。

多重身分的媽媽（助人工作者，有兩個孩子，一個小學三年級一個大班）

慢慢發現，原來自己踏進婚姻，就多了媳婦的身分；有了孩子，又多了媽媽的身分。多重重擔下，我一直處在緊繃、壓力、繁忙，甚至是盲目地日出而作、日落而息的狀態。而身體也有不同以往的痠痛、甚至麻木、或者累到暴走的狀態。課程給我的重要訊息是，如何自我身心調整、保持正念的觀念，更進階的是能夠在生活中，給自己一點正念的滋養，和喘息的空間。在工作上，我是助人工作者，面臨到工作上困難、壓力；面對人群中有諸多負能量，抑或是令人不解、不舒服的地方等等，能否抱持正念的觀念應對，能夠更跳脫出來，務實地以當下問題、情境來協助。重點放在將該問題點回歸到當事人去處理、面對，而不陷入其境，否則可能影響到自己身心，也不見得能夠幫得上忙。自己現在能夠更輕鬆不失專業性地處理工作，真納悶以前一直繃緊神經、快要炸掉是什麼情形啊！

● 習慣否定家人的母親（國中老師，女兒十四歲）

我發現自己的變化是：

1. 對孩子的態度改變了，從評判到不評判。過去對待孩子是習慣性消極評判，對孩子都是否定的態度，現在我試著，心裡有評判時，讓自己暫停，不要說出來。很慶幸這樣的「慢一拍」後，發現原來我的孩子並不是我想像的那樣糟糕。練習正念之前，孩子跟我說她討厭她的排練老師，說老師是變態，我立即且非常嚴厲地批評她，但是這種教育沒有任何效果，而且恰恰相反，她更排斥老師，還跟我嘔氣。這週五放學的排練課，因為老師罵她們笨，再加上排練拖延，導致她為了趕晚上的課程沒能吃上晚飯，她非常生氣，說了很多氣話，還說晚上的課不上了，以後什麼都不學了。我忍住了自己往常的「說教教育」，不作評判、不當法官、不用力催促她，只是聽她的傾訴。就這樣，她自己就安排好去買麵包，簡單吃過晚餐，再收拾好晚課的作業，順順當當上課去了，回來後煮了點點心補充一下，和我愉快地聊了天，輕鬆睡覺去。原來，平日很多煩惱和問題，都是我說得太快太多。讓自己等一等，真是會有意想不到的收穫。

2. 對待老公的方式改變了。之前我認為是對的事情，就希望家人能和我一樣去做，如果沒能跟上我的步伐，就認為他們錯了，有對錯之爭時，就會有矛盾了。我被麗玲老師深深提醒，改變從自己開始，我減少一直要他們做什麼，而是把焦點放在自己身上，我做好自己。

3. 放下了很多過去無謂的焦慮，重新看待自己，原諒自己過去對孩子的不恰當的方式，跟自己和解，每天都記得要慈愛自己，唯有自己豐盈了，孩子才能得到滋養，身心比過去輕鬆了很多。改變需要時間需要過程，不苛責自己，不苛求他人，不用力過度，過好當下。

還有好多好多感動的生命故事，這些改變都是父母自己「培育正念」所帶來的禮物。

附錄2——

關於MBPS正念教養系統（Mindfulness-Based Parenting System）

正念教養系統，是以落實專注於當下的能力為基礎，時時刻刻不帶評價的覺察，給予愛與智慧的行動。

麗玲老師在三十多年兒少和親職教育諮詢臨床經驗中，深深理解父母及老師在教養及教育的路途中，是需要持續補給「能量」和系統地發展「職能」的。

當父母與老師內心有足夠的能量，自然能在面對各式議題和困難時，滋生屬於自己的智慧與因應。

而什麼方法能同時關照能量和啟發智慧呢？

麗玲老師認為當代正念（Mindfulness），是其中簡單又很不簡單的方法。

卡巴金說：「正念是刻意地（有意地）將注意力放在當下，對於一刻接著一刻所顯露的經驗，不給予評價，保持覺察。」

正念包括兩個要素：

第一個要素是對當下的，此時此刻的體驗的覺察。

第二個要素是對體驗採取一種好奇的，開放的，接納的態度。

這不就是在教養教育現場，父母、老師真切的想望，和直指核心的育兒方向嗎？

正念指的是時時刻刻，保持好奇開放的心，覺察自己所思所想所感及周遭所有，並對覺察給予智慧和愛的回應。

於是麗玲老師以當代正念為內核，融合積極與發展心理學及家庭系統的視野，並融入遊戲治療、表達性藝術治療和心理劇等動態助人法，創建了「MBPS正念教養系統」。期盼有系統地啟動父母和老師展開覺察，從滋養自己、慈愛自己開始，進而看見孩子真正的需求，在可能的每個當下給予孩子智慧與愛的回應。將孩子成長過程中遇到的問題，轉化為最好的教養教育機會，幫助孩子鍛鍊心智，培養穩定、可靈活調控的注意力；探究內心與周遭發生的事；增進對自己、他人與世界的洞察；強化正向特質專注力、情緒平衡與慈悲心

（attention、balance、compassion）。一點一滴幫助孩子建立自信、自律、人際關係、獨立思考、領導力等等能力。

父母的角色是地球上最難、壓力龐大，又具有高度「承先啟後」使命的工作，而它也是一種召喚——**教我們重新認識自己、慈愛自己，並看見孩子**。

麗玲老師希望家庭中的核心人物父母能得到支持，也推動父母從本身做起，潛移默化，相信孩子和家人也會在正念氛圍家庭中，自然孕育正念的幸福感！

想更進一步了解MBPS正念教養系統，請上3L幸福關係官網（掃描QR Code）。

國家圖書館出版品預行編目 (CIP) 資料

心念教養：照顧與滋養自己的 40 個正念教養練習，為教養減壓，親子共好 / 林麗玲著 . -- 初版 . -- 臺北市 : 遠流出版事業股份有限公司 , 2023.03
面； 公分
ISBN 978-957-32-9997-4(平裝)

1.CST: 生活指導 2.CST: 自我實現

177.2　　112000998

心念教養

照顧與滋養自己的 40 個正念教養練習，為教養減壓，親子共好

作者——林麗玲
主編——蔡曉玲
美術設計——王瓊瑤
動作示範插圖——龐雅文
校對——金文蕙

發行人——王榮文
出版發行——遠流出版事業股份有限公司
地址——臺北市中山北路一段 11 號 13 樓
客服電話——02-2571-0297
傳真——02-2571-0197
郵撥——0189456-1
著作權顧問——蕭雄淋律師

2023 年 3 月 1 日　初版一刷
定價——新臺幣 420 元
（缺頁或破損的書，請寄回更換）

ISBN —— 978-957-32-9997-4

COVER IMAGE by dede_sumiarsiha on Freepik
INSIDE PAGES IMAGE by rawpixel.com on Freepik

遠流博識網 http://www.ylib.com　Email: ylib@ylib.com